U0916200

# 国学梯级公开课

5

摩罗 × 杨帆 编著

江苏凤凰文艺出版社
JIANGSU PHOENIX LITERATURE AND ART PUBLISHING, LTD

图书在版编目（CIP）数据

国学梯级公开课. 5 / 摩罗，杨帆编著. — 南京：江苏凤凰文艺出版社，2019.6

ISBN 978-7-5594-3295-7

Ⅰ. ①国… Ⅱ. ①摩… ②杨… Ⅲ. ①国学－通俗读物 Ⅳ. ①Z126-49

中国版本图书馆CIP数据核字(2019)第022543号

| 书　　名 | 国学梯级公开课 5 |
|---|---|
| 编　　著 | 摩　罗　杨　帆 |
| 责任编辑 | 孙金荣 |
| 特约编辑 | 麦文想 |
| 责任校对 | 孔智敏 |
| 封面设计 | 金牍文化 · 车球 |
| 出版发行 | 江苏凤凰文艺出版社 |
| 出版社地址 | 南京市中央路165号，邮编：210009 |
| 出版社网址 | http://www.jswenyi.com |
| 印　　刷 | 三河市金元印装有限公司 |
| 开　　本 | 880毫米×1230毫米　1/32 |
| 印　　张 | 8 |
| 字　　数 | 165千字 |
| 版　　次 | 2019年6月第1版　2019年6月第1次印刷 |
| 标准书号 | ISBN 978-7-5594-3295-7 |
| 定　　价 | 38.00元 |

《国学梯级公开课》
使用说明

## 一、总目标

《国学梯级公开课》(全称《国学梯级公开课：经史子集分梯分级文言文教材》)，是一部学习文言文和传统文化经典的教材。传统文化的主要经典，均以文言文形式书写。不学习文言文，就无法学习传统经典；只要学习传统经典，就一定是在学习文言文。

文言文是古代书面语，与今天流行的白话文书面语，差异很大。从夏商到清末民初，文言文经过几千年的发展和流变。传承至今的文献，其难易程度也差异很大。学习文言文必须经历从易到难的过程，一步步拾级而上，最后阅读任何古代文献都不会有语言障碍。

前几年，我们应邀在经崖书院给初中孩子讲古文，以《古文观止》为教材。教学中渐渐意识到，《古文观止》对今天的习者来说，尚有一些不适合之处。比如，其选文集中于儒家一脉，对其他各家各派基本不拣选。至于那些集中体现华夏先民宇宙观、世界观、人生观的思想性、哲学性作品，似乎视而不见。此外，它具有较多文人趣味，常常沉溺于游山玩水、吟风弄月。要想系统地学习传统文化，就得开掘更广阔的教学资源，就得有更加中正精良的教材。

《国学梯级公开课》，即顺应习者此一需求而编撰。其编辑思路、选文标准，都体现了从低到高、由易而难的特点。只要按照要求认真学习，学完第一级，习者的文言文水平就可达到第一级。以此类推。

《国学梯级公开课》，共分3梯18级。以初中文化程度为起点，学完18级，可以较为方便地阅读各个历史时期的经典。

3梯为：及门梯、登堂梯、入室梯。每梯各有6级，每级1册，共有18册。

概括起来，本书有如下6个特征：

1. 语言性：文言文教材。

2. 文化性：传统文化教材。

3. 经典性：传统经典教材。

4. 故事性：魅力教材。

5. 写作性：写作教材。

6. 梯级性：拾级而上教材。

## 二、各梯级目标

一般古文选本，都是从远古到近代编选，《国学梯级公开课》则是从近代到远古的逆行编法，由易而难，层层推进。

及门梯1—6级，除经部外，重点编选元明清时期文章。认真学完及门梯6级教材，可以较好地阅读元明清时期的散文、游记、小说、书信、政论、奏折、史书等。

登堂梯7—12级，除经部外，重点编选魏晋唐宋时期文章。认真学完登堂梯6级教材，可以较轻松地阅读唐宋的作品，借助简单注释就能看懂魏晋的作品。

入室梯13—18级，重点编选《尚书》及秦汉文章。认真学完入室梯6级教材，可以较轻松地阅读秦汉时期作品，借助简单注释就能读通先秦文献。

这3梯18级，习者不但学习语言，也学习大量文化知识和历史知识，能由此深入传统文化堂奥，洞悉传统文化真髓。

## 三、选文特点

经、史、子、集，是中国古人对浩瀚文献的分类方法，名曰四部。《国学梯级公开课》按照古人的分类方法（但也有所变通），引导习者一步步进入古人创造的传统文化堂奥，是最好的捷径。本编每级教材都按集、经、史、子顺序排列。因为集部文献浅易生动，习者容易进入。

### 集部

《国学梯级公开课》把今天所谓文学作品，诸如散文、小说，都归入集部。3梯18级的集部连缀起来，也可以看作是一部由近及远、逆向编选的简单文学选本。

### 经部

《国学阶梯公开课》按照唐宋形成的“十三经”体系，从中节选合适的篇章作为经部课文。“十三经”在语言上的难易程度，差别甚大。本编基本上按照从易到难原则编选。

### 史部

史部选文最为特殊，每级5篇课文，其中3篇《史记》故事选段，1篇《资治通鉴》故事选段，1篇其他文章。先秦典籍都是经过汉代整理然后流传，故可说华夏书面语到汉代才最后成熟和定型。《史记》正好是汉代最辉煌的作品，代表了汉语的成熟与定型。学好了《史记》，也就学好了古代汉语。

### 子部

先秦的诸子百家，汉以后凡是著书立说，阐发天地大道、人生奥义和治国谋略的著述，都归入子部。

## 四、课文模式

《国学梯级公开课》每级一册，每册20课，经、史、子、集各5课。每课以主课文为核心，加以注释、解读与阐发。每课由9项内容组成。现将其中主要板块的特点介绍如下。

【人物故事】介绍课文作者，或课文中提到的重要人物。介绍时常常带出该人物主要经历、思想、成就和历史影响。

【主课文】这是全书的核心。学习这些课文，就是触摸中国传统文化。

【参考译文】希望习者尽量不看译文，仅在对原文意旨拿不准时，查阅译文作为参考。

【赏析与写作指导】赏析是对文章特别精彩之处予以解读，以深化习者对课文的理解。如果阅读每一篇经典时，都能有意识地体会其感情态度、篇章结构、语言艺术，我们的写作水平一定会逐步提高。

【延伸知识】延伸知识大多是介绍与主课文内容直接或间接相关的文化知识。

【副课文】增加副课文，主要是为了扩大习者的文言文阅读量。学习一种语言，阅读量越大，进步就越快。多年以来，中学语文教材中的文言文课文，每学期两个单元大约6课，平均每课约400字，一学期2000多字，初高中12个学期才学不到3万字，频率如此低，阅读量如此小，所以高中毕业之后，基本上没有阅读文言文的能力。

【思考与训练】思考题一般都是引导读者在主课文或副课文内容的激发下，展开人文思考。训练题主要是将文言文翻译为白话文的练习。

《国学梯级公开课》，平均每课（主课文加副课文）有文言文原典1000—2000字，18册共有文言文原典约54万字，是中学教材中文言文原典的19倍。有了这样的学习频率、强度和阅读量，才能真正具备文言文阅读能力。

## 五、学习建议

【习者范围】这是一套在课堂上讲出来的文言文读本，特别接地气。初中生可在老师辅导下学习此书，高中生、大学生和上班族可独立自学此书。

【学习频率】无论上学族还是上班族，学习和工作压力不大者，可以每周学习两课，压力较大者，可以每周学习一课。如果利用假期集中学习，则可每天学习一课。

【学习核心】背诵主课文，阅读副课文及其所属的书。学习语言，最好的方式就是背诵和广泛阅读。

【诵读与背诵】阅读能得文章之故事与观点，诵读能得文章之深旨和神韵，背诵则能终身受益于文章之义理与力量。诵读和背诵，尤其适合自学文言文经典者。

摩罗 杨帆

# 序　言

《国学阶梯公开课》第5级，集部与子部展示了明清若干名家的风采。袁枚、黄宗羲、解缙、姚鼐、戴名世都是名满天下的大学者、大作家，至今还受到关注。《游庐山黄崖遇雨记》是我读过的最精彩的游记，能把游山玩水写得那么惊心动魄，最后又有惊无险，真神笔也。陆陇其虽然名气不大，其《崇明老人记》记述底层百姓孝敬老人故事，于世风有补救之效。忽思慧是元代宫廷厨师，于养生颇有研究。饮食与养生，都是中国文化的一部分，所以本书不但选编《黄帝内经》《本草纲目》，也不可遗漏《饮膳正要》。

经部中的孔子言论大多平和温婉，孟子言论则锋芒毕露，大骂君王宁可疼爱畜生而不愿怜惜人民（《率兽而食人》），颇有点声色俱厉。他想维护尧舜以来以民为本的道统也。选自《左传》的课文《我以不贪为宝》，颇可玩味。宋人出于尊敬，要把一块上好的美玉送给子罕。身居六卿高位的子罕，虽然知道宋人赠玉并无权钱交易嫌疑，还是坚决辞谢了。他说，你以美玉为宝，我以不贪为宝，还是各持其宝吧。在物欲横流的尘世和官场，一句“我以不贪为宝”，堪可洗心弘义。浩然之气并非始于孟子，子罕就很有浩然之气也。

史部选文着重突出周文化的精神气质。《古公迁国》《文王行仁》《周公吐哺》，在周族发展史上，都是划时代事件，他们三人，也是周族能够崛起、能够德服天下的关键人物。周公制礼作乐，代表了华夏文明的成熟和稳定。尽管经过春秋战国时期礼崩乐坏的衰败，秦汉以来，我们民族乃是靠周文化的遗风余绪维持到清末。孔子从中起到了重大作用。孔子仔细研究、比较夏商周三代文化，郑重表示“吾从周”，他的理想就是恢复周礼，可见周文化在圣人心中多么崇高。所以，对周族发展史和周文化的认识、研究，是学习中国文化非常重要的一课。

副课文主要选自《明史》、顾炎武《日知录》、佚名《国初礼贤录》三书。《日知录》是读书笔记，属于知识性读物，《国初礼贤录》故事性很强，《明史》则既有大量知识也有大量故事，如果加上《志》和《表》，就堪称百科全书了。希望习者追根溯源，对副课文背后这三种书感兴趣，篇幅很长的可选读一部分，短者如《国初礼贤录》则可尽读之。

# 目录

## 壹 集部

## 贰 经部

# 叁 史部

## 肆 子部

# 集部

# 第一课 游庐山黄崖遇雨记

〔清〕袁枚

这是一篇与众不同的游记，作者详写了自己在大雨中的困窘与恐惧，以及因老僧的接应而得救的欣悦。文章对雨中黑暗的描写和对“崖仄而高”的描写，都非常精彩，值得一读。

## 人物故事

袁枚（1716—1798）：字子才，号简斋，晚年自号仓山居士、随园主人、随园老人。钱塘（今浙江杭州）人。清朝乾嘉时期代表诗人、散文家、文学评论家和美食家。乾隆四年（1739）进士，先后于溧水、江宁、江浦、沭阳任县令七年，勤政廉洁，有声望。然晋升不顺，渐生厌倦，乾隆十四年（1749）辞官隐居于南京小仓山随园，广收男女弟子，吟咏其中。袁枚倡导“性灵说”，与赵翼、张问陶并称“性灵派三大家”，也是“清代骈文八大家”之一。与大学士纪晓岚齐名，时称“南袁北纪”。有《小仓山房文集》《随园诗话》《子不语》等著作传世。

## 主课文

甲辰春，将游庐山。星子令[1]丁君告余曰："庐山之胜，黄崖为最。"余乃先观瀑于开先寺，毕，即往黄崖。

崖仄而高，篑舆[2]升，奇峰重累[3]，如旗鼓戈甲从天上掷下，势将压己，不敢仰视；贪其奇，不肯不仰视。屏气登颠[4]，有舍利台，正对香炉峰。又见瀑布，如良友再逢，百见不厌也。旋下行，至三峡桥。两山夹溪，水从东来，巨石阻之，小石尼[5]之，怒号喷薄。桥下有宋祥符年碣[6]，谛视良久，至栖贤寺宿焉。

次日闻雷，已而晴，乃往五老峰。路渐陡，行五里许，回望彭蠡湖[7]，帆竿排立，己所坐舟，隐隐可见。正徘徊间，大雨暴至，云气坌涌[8]，人对面不相识。舆夫认云作地[9]，踏空欲堕者屡矣。引路里保[10]，避雨远窜，大声呼，杳[11]无应者。天渐昏黑，雨愈猛，不审今夜投宿何所。舆夫触石而颠[12]，余亦仆，幸无所伤。行李愈沾湿愈重，担夫呼謈[13]，家僮互相怨尤，有泣者。余素豪，至是不能无悸。踯躅[14]良久，犹临绝壑。

忽树外远远持火者来，如陷黑海见神灯，急前奔赴，则万松庵老僧曳杖迎，唶[15]曰："相待已久，惜公等误行十余里矣。"烧薪燎衣[16]，见屋上插柳，方知是日清明也。

次日雪，冰条封山，触履作碎玉声。望五老峰不得上，转身东下，行十余里，见三大峰壁立溪上，其下水潺潺然。余下车投以石，久之寂然，想深极，故尽数十刻尚未至底耶？旁积石础碎瓦砾无万数，疑即古大林寺之旧基。舆夫曰："不然，此石门涧耳。"余笑谓霞裳[17]曰："考据之学，不可与舆夫争长，姑存其说何害！”乃至天池，观铁瓦，就黄龙寺宿焉。僧告余曰：“从万松庵到此，已陡下二千丈矣。”问遇雨最险处何名，曰犁头尖也。

余五年游山皆乐，惟此行也苦，特志之。

（选自《袁枚文选》）

## 注释

［1］星子令：即星子县令。2016年，星子县更名为庐山市。

［2］篼舆（biān yú）：竹轿，一般由人抬着登山。舆，载人的交通工具，车子、轿子都称舆。

［3］重累：重叠。

［4］登颠：登上山顶。颠，同“巅”，即山顶。

［5］尼：阻挡。

［6］祥符年碣：祥符即大中祥符，宋朝真宗皇帝的年号（1008—1016），共九年。碣，石碑。

［7］彭蠡湖：即鄱阳湖，在江西省北部。庐山即耸立在鄱阳湖西岸不远。

［8］坌涌（bèn yǒng）：涌出。

［9］舆夫认云作地：轿夫把云认作地面，踏脚下去，至于摔倒。庐山以云雾飞涌闻名于世，下雨天尤其严重。舆夫，车夫或轿夫。

［10］里保：旧时在乡里为官府办差的人，俗称地保。

[11] 杳（yǎo）：无声无息。

[12] 触石而颠：被石头绊倒。颠，摔倒。

[13] 呼謈(bó)：大声呼痛。謈，因痛而叫喊，这里指叫苦。

[14] 踯躅（zhí zhú）：徘徊不前，或用脚踏地。

[15] 唶（jiè）：嗟叹。

[16] 烧薪燎衣：用柴生火，烘烤衣服。

[17] 霞裳：姓刘名霞裳，袁枚的学生。

## 参考译文

甲辰年春天，我准备游览庐山。星子县令丁君告诉我："庐山的景色，黄崖是最好的。"于是，我先在开先寺边上观看瀑布，看完后，就去往黄崖观景。

黄崖斜而高耸，乘坐着竹轿向上攀登，看奇险的山峰重重叠叠，就如同战场上的旗子、战鼓、戈矛、盔甲从天上抛掷下来一样险峻。这种奇险的气势压着我，让我不敢仰头观看，但出于猎奇又忍不住要抬头观看。就这样屏着气息攀登到崖的最高处。这里有舍利台，正对着香炉峰，还可见香炉瀑布。如同好友重逢，百看不厌。不久，向下行走，来到三峡桥。两座山夹着溪流，溪水从东面流过来。大石小石遍立溪水之中，阻挡着水流，汹涌激荡，发出轰响。桥下有块宋代大中祥符年间的石碑，我仔细察看了好久。随后，到栖贤寺投宿。

第二天听见雷声，但没过多久天就晴了，于是向五老峰进发。路渐渐陡峭起来。大约走了五里路，回过头看鄱阳湖，只见帆船的桅杆排列竖立，我所乘坐的船也隐隐约约可以看到。正在流连徘徊之时，突然下起大雨，雾气涌出，使人面对面都看不清对方。轿夫竟错把云看成了地面，好几次踩空，差点坠下崖去。引路的向导跑到远处躲雨，他大声呼喊，没人应答。天色渐渐黑下来，雨越下越大，不知道今晚在哪里投宿。轿夫被石头绊倒，我也摔在地上，所幸都没有受伤。行李沾了湿气，越来越重，挑夫叫苦不迭。家童相互埋怨，有人还哭了。我素来洒脱豪放，看到这种情况，也不能不心生畏惧。顿足徘徊许久，如同面临陡峭沟壑一般，无计可施。

忽然，树林外，有人举着火把远远走过来，我们好像在黑暗的大海中看到神灯一样，急奔过去。原来是拄杖来迎接我们的万松庵老僧。他叹息道："我们已经等你们很久了，可惜你们走错了十多里路。"到了万松庵，烧起柴火烘烤衣服，无意中看见房子上插着柳枝，才知道这一天是清明节。

第二天，天下起雪来，山上结满了冰条，鞋子踩上去发出玉碎般的声音。远远望着五老峰，却攀登不上去，转身从东边下山。走了十多里路，看见三座山峰像绝壁一样立在溪流之上，山峰之下，溪水缓缓流动。我下轿向绝壁之下投了块石头，过了很久都没有听到声响，想必山谷一定很深，所以石头落下去，久久不能到底吧。溪水旁边遗留大量的柱础和瓦片碎石，我猜测这就是古代大林寺的旧址。轿夫说："不是这样的，这里叫作石门涧。"我笑着对刘霞裳说："考据学，不能和轿夫相比，暂且作为一种说法也无妨！”随后来到天池寺，观看明朝皇帝所赐的铁瓦。而后前往黄龙寺借宿。僧人告诉我说：“从万松庵到这里，已经猛然降低了二千丈的高度。”我问僧人，我们一行之前遇雨且最为危险的地方叫什么名字，僧人说叫犁头尖。

五年来，我游山观景，都十分开心，只有此行吃尽苦头，特地著文记下此事。

## 赏析与写作指导

### 游山玩水的恐怖经历

中国山水游记极多，精彩者何止千万。然而此篇《游庐山黄崖遇雨记》，堪称精中之精。游记均写所见如何壮丽，而此文重点则在写遇雨，雨来天昏地暗，什么也没看到。游记均写游观如何喜乐，此文独写雨中的颠仆、惊悸、恐惧、哭声，犹如堕入地狱。本文之精，就精在其景观、遭际、感受、风格，均超群脱俗，独具一格。

“次日闻雷，已而晴，乃往五老峰。”此处“闻雷”，已经埋下伏笔。

“路渐陡，行五里许，回望彭蠡湖，帆竿排立，己所坐舟，隐隐可见。”这一句良辰美景，云淡风轻，兴味盎然，与下文形成巨大落差。

“正徘徊间，大雨暴至，云气坌涌，人对面不相识。”突然转入险恶境遇，暴雨骤至，云吞雨打，睁不开眼睛。

“舆夫认云作地，踏空欲堕者屡矣。”轿夫无法正常走路，随时都可能出现意外。

“引路里保，避雨远窜，大声呼，杳无应者。”引为依靠的导游，自顾逃离，客人被遗下，不知所措，失去了心理支撑。

“天渐昏黑，雨愈猛，不审今夜投宿何所。”大雨持续很久，入夜更猛。黑暗没有归路，如果一直受困于此，则面临冻馁之灾。

“舆夫触石而颠，余亦仆，幸无所伤。”暗黑难行，跟轿夫摔在一堆。虽无所伤，但一身雨、一身泥，足够狼狈。

“行李愈沾湿愈重，担夫呼謈，家僮互相怨尤，有泣者。”随行者已经坚持不住，轿夫摔倒是身体难于维持，挑夫叫唤、家童埋怨且哭泣，是心理已经崩溃。整个团队都垮了。由此可见境遇险恶，前途未卜。

“余素豪，至是不能无悸。”连素来勇敢豪迈的我，也禁不住恐惧起来。

“踯躅良久，犹临绝壑。”在黑暗中盘桓周旋，走投无路，犹如置身悬崖绝壁，这种恐惧感一直在高强度持续。

“忽树外远远持火者来，如陷黑海见神灯，急前奔赴，则万松庵老僧曳杖迎。”天无绝人之路，虽然伸手不见掌，可是一团游火来解救。这不，老僧亲自率队寻人。救星虽然来迟了，毕竟出现在更恶劣的事情发生之前。一场令人胆战心惊的危机，就此消解，总算化险为夷。

云遮雾罩、忽晴忽雨，正是庐山气候的最大特点。作者虽未刻意强调要表现庐山神髓，但其剪裁及用笔，恰好突显了庐山神髓。

一般游记均写如何快乐，然而再强烈的快乐，终系娱乐，不免肤浅。袁枚此文，却极写恐惧，恐惧入心深刻，犹如一次精神洗礼。所以，不独作者刻骨铭心，读者也跟着经受了一次心灵的紧张与涤荡。

文无定法。抓住最有特点的经历，描述其感受与发现，算是一法。

**延伸知识**

## 看看庐山真面目

苏东坡说:“横看成岭侧成峰，远近高低各不同。不识庐山真面目，只缘身在此山中。”咱们今天就置身庐山之外，来聊聊庐山真面目。

庐山又称匡山、匡庐，地处江西省北部，东偎鄱阳湖，南傍滕王阁，西抱京九线，北枕长江。是在鄱阳湖平原上拔地而起的一座孤山。主峰汉阳峰海拔 1474 米，自古命名的山峰多达 171 座。峭壁悬崖间，云雾缭绕，瀑布飞泻。李白“遥看瀑布挂前川”的三叠泉瀑布，落差达 155 米。登峰纵目，只见大山与大江、大湖珠联璧合，浑然一体，氤氲着雄奇险峻、深邃浩远的气韵。

古代中国，从北京到岭南边陲，形成了一条大运河—长江—鄱阳湖—赣江南北大动脉，庐山正好处于这条黄金水道边上，来往官僚、商贾、文人、僧道，通常喜欢在这里盘桓几天，沐浴云飞雾绕，纵目湖阔江长，吟咏兴亡感怀，尽享避暑之乐。他们光是留给后人的庐山诗篇，就有4000多首。久而久之，有的人不想离去，就在此处倚峰临古、安身立命，感受万物一体、天地同怀，探索生死奥义、治乱因缘，创造出光照千秋的人文胜景，庐山因而一步步成为江南文化圣地，长江中游的思想中心。

由于这里是运河—赣江南北大动脉与长江东西大动脉交汇点，万方辐辏，神州枢纽，渐次形成了文化圣地与思想中心的地位，所以，这里出现的历史事件、文化现象和人文思想，容易辐射到全国各地甚至世界各地，产生饱满有力的时代影响和持续深远的历史影响。当下的文化人，对庐山历史上的文化积累，依然可以如数家珍。

刘邦的部将灌婴，在庐山脚下修了一座九江城，此城即为长江中游中心城市，系三大茶市四大米市之一。帝国主义殖民中国时期，觊觎江南腹地的富饶，将九江列为掠夺中国财富的五大口岸之一。

司马迁到庐山考察地理与文化，为《史记》收集材料，带了笔"南登庐山"，此后骚人墨客不到庐山走走，都不好意思提《史记》。

诸葛亮来到庐山脚下周瑜营帐，舌战群儒，宣传联合抗曹、实现三足鼎立的战略思想，与周瑜达成思想共识。

周瑜长期在庐山脚下操练水军，然后溯江而上，取得赤壁之战的胜利，挫败了曹操的南进计划，历史从此进入三国时代。

陶渊明以庐山康王谷为原型，写了篇300余字的《桃花源记》，它渐次成为体现中国人社会理想的基本意象，至今还是中学生的背诵篇章。

陶渊明隐居庐山，劳动之余尽情抒写田园之乐，于是，流风遗韵贯穿千年，他成为中国诗歌史上田园诗的始祖。

谢灵运来庐山，写了首《登庐山绝顶望诸峤》，鲍照写了首《望石门》，庐山由此成为中国山水诗的发源地之一。

慧远在庐山搭了个茅棚，命名为“东林寺”，在这里带着老百姓念诵阿弥陀佛，于是东林寺成为了净土宗的祖庭，影响远及韩国日本东南亚。慧远的宗教改革，还成为完成佛教中国化的标志性事件。

陆修静在庐山搭了个石屋，名唤简寂观，修行时顺便翻看道教典籍，修正道教仪轨，于是他成为上清派祖师，被确定为天师派正统。

顾恺之来庐山画了幅《庐山图》，成为中国绘画史上第一幅独立存在的山水画，庐山因此成为山水画诞生地。从此历代丹青大师以庐山为载体，勾描泼墨，寄情抒怀，山水画日益蓬勃，俨然国画主流。

宗炳长期参加庐山慧远莲社活动，在此撰写了《画山水序》，成为中国山水画第一篇画论，标志着一个新的美学思潮的兴起。国画理论的第一次突破，亦是顾恺之的“传神说”，其说深深浸染着慧远在庐山阐发的“形尽神不灭论”哲学思想。

陆羽在庐山喝了几年云雾茶，在康王谷的晨曦中写了几句喝茶体会，被后世奉为《茶经》。《茶经》评出给茶水增色的十大名泉，庐山占其三（第一、第六、第十）。

李白喜欢庐山美景，写下“飞流直下三千尺”的诗句，于是千古传诵。

白居易到庐山大林寺散心，随手写道：“人间四月芳菲尽，山寺桃花始盛开。长恨春归无觅处，不知转入此中来。”被看作千古绝唱。

白居易发心“转入此中来”，在庐山盖了个茅棚隐居起来，写了篇《庐山草庐记》，成为体现唐代山水园林理念的代表作。

苏东坡流放黄州，隔江对庐山向往四年，刚获人身自由的他马上来到庐山，在西林寺的墙上题写了几句感慨：“横看成岭侧成峰，远近高低各不同。不识庐山真面目，只缘身在此山中。”这一挥笔就留下一首千古绝唱，而且成为宋诗代表作之一。

李渤厌倦了官场俗务，抱一头白鹿在庐山潜心读书修行，把那条山谷念成了“白鹿洞书院”。

南唐王公李璟（李煜的父亲），在庐山筑台读书、造庙修行，弃绝尘世功名利禄，希望父皇不要选他为太子。可他还是被迫当上了蹩脚皇帝。

周敦颐在庐山当官，沉迷于此间清虚洁净之气，在庐山写下著名的《爱莲说》，特择庐山一块宝地作为骸骨居室。死后果然千里迢迢入葬于此，守护庐山已近千年。

朱熹来到庐山脚下，找到李渤的白鹿洞，重修屋宇，复兴圣贤教育。白鹿洞书院于是成为全国书院之首。当时天朝礼部负责全国书院的行政管理，白鹿洞书院负责全国书院的业务指导。朱熹手订的《白鹿洞书院学规》，成为中国古代教育的准则和规范，深刻影响了中国历史文化的进程。朱熹也在此完成了理学的融会与铸造，开创了中国思想史的新纪元。

江万里在白鹿洞书院学透圣贤之学，吸足庐山浩然之气，成为南宋宰相、主战派领袖。他按白鹿洞书院的教规，在庐陵创办白鹭洲书院，培养了另一位南宋宰相、主战派领袖文天祥。

王阳明在庐山脚下，打败宁王朱宸濠的叛军，维护了天下太平、社稷稳定。他在白鹿洞书院宣讲心学，使庐山继理学熔炉之后，又成为心学重镇。

国民党统治时期，蒋介石几乎年年夏天离开南京来庐山避暑，庐山于是成为世界政要和商贾文人穿梭来往的政治中心，被世人称为民国政府的夏都。

一代伟人毛泽东多次登临庐山，留下“一山飞峙大江边，跃上葱茏四百旋”“天生一个仙人洞，无限风光在险峰”的著名诗句。

副课文

## 记游庐山

仆初入庐山，山谷奇秀，平生所未见，殆应接不暇，遂发意不欲作诗。已而见山中僧俗，皆云：“苏子瞻来矣！”不觉作一绝云：“芒鞵（xié，鞋）青竹杖，自挂百钱游。可怪深山里，人人识故侯。”

既自哂（shěn）前言之谬，又复作两绝云:“青山若无素，偃蹇（yǎn jiǎn，高耸）不相亲。要识庐山面，他年是故人。”又云:“自昔忆清赏，初游杳（yǎo）霭间。如今不是梦，真个是庐山。”

是日有以陈令举《庐山记》见寄者，且行且读，见其中云徐凝、李白之诗，不觉失笑。旋入开先寺，主僧求诗，因作一绝云:“帝遣银河一派垂，古来惟有谪仙辞。飞流溅沫知多少，不与徐凝洗恶诗。”

往来山南地十余日，以为胜绝不可胜谈，择其尤者，莫如漱玉亭、三峡桥，故作此二诗。最后与摠（zǒng）老同游西林，又作一绝云:“横看成岭侧成峰，到处看山了不同。不识庐山真面目，只缘身在此山中。”仆庐山诗尽于此矣。

——〔北宋〕《苏轼文集》

## 思考与训练

袁枚是名满天下的大才，文章精妙，文笔流光溢彩。本文对奇景既恐惧又贪恋的矛盾心理，捕捉得很好，表现得特别到位：“崖仄而高，箯舆升，奇峰重累，如旗鼓戈甲从天上掷下，势将压己，不敢仰视；贪其奇，不肯不仰视。”请从自己阅历中的某个契机，寻找曾有的矛盾心理，并用类似上文的句子把它写出来，几十字至百字即可。

______________________________

______________________________

______________________________

# 第二课 吴江两节妇传

〔清〕戴名世

两姐妹风华正茂时，遭遇清军入关，进犯中原，她们的丈夫因奋起反抗而遭遇灭顶之灾，两姐妹由此陷入深重苦难。本文突显了两姐妹终身祀奉亡夫、安贫守志、拒绝旌表、誓死不与侵凌者妥协的大义大节，谴责了汉族士大夫阶级丧节投降、卖国求荣的卑怯与丑陋，展示了明清易代时期百姓所付出的惨烈代价，表达了作者对民族苦难与屈辱的痛切体验，及对民族气节的深情歌颂。

## 人物故事

戴名世（1653—1713）：字田有，一字褐夫，号药身，别号忧庵，晚年号“南山先生”。遭遇文字狱被康熙杀戮之后，人们讳其姓名而称之为“宋潜虚先生”，又称“忧庵先生”。桐城（今安徽桐城）人，系桐城派作家群之先驱。出身贫寒，天资秀杰，嗜书如命。6 岁发蒙，11 岁熟背四书五经，19 岁开馆授徒以养亲，27 岁以文章卓越而闻名天下。少有四海之志，对清廷剃发易服、屠戮神州的暴行，深怀痛恨，一直为行藏出处矛盾纠结，长期拒绝科举考试。直到年过半百，才投身科场。康熙四十八年（1709），以 56 岁高龄参加会试，获第一名，殿试以一甲第二名（榜眼）进士及第。四年后因《南山集》冤案被康熙皇帝杀害。

## 主课文

吴江[1]两节妇者，农家女也，姓许氏，家城西之石里村。长适张文达，次适周志达[2]。岁乙酉[3]，大清兵南下，公卿皆薙发迎降[4]，浸寻[5]及于吴江。文达固以负贩[6]为生，至是从明之一二遗臣起事，荷戈为小卒，战败不屈死。其家不知其存亡，使志达往侦之，亦被执，令薙发，不从，遂见杀。

是时长年二十九，次年十九，相与号泣，备寻其夫尸。会溽暑[7]，尸积城下者累累，皆糜烂不可辨识，乃已。

长既丧其夫，又无舅姑[8]，其兄欲迎之归，谢曰："吾夫虽死，然此固夫家也，义不可以归宁母氏。"次事其姑甚谨，姑怜而欲嫁之，涕泣被面谢曰[9]："新妇[10]所以不死者，将代吾夫以事其母，讵可失节他适？"久之，姑得疾，且危，赖妇以存者又七年。及姑濒死，诀曰："我死，依而姊居。"既丧，家财归于周氏子弟，遂依姊以居；各处一室，各奉其夫之主而祀之[11]。

两人固农家女，善治田，共种田三亩以自给；舍旁有隙地，度可容两棺，为生圹[12]以待死。

吴俗多淫祠[13]，好佛，妇人贫无依者，多为尼。有一老尼，教两人薙发以从其教[14]。长曰："不可！妇人之发，奈何与男子同去之？"次曰："吾夫以不薙发死，而吾反薙之，何以见吾夫于地下？"岁甲戌[15]，长年八十，次年七十，尚躬耕如曩[16]时。

乡之人悲之，请闻于有司，以旌[17]其门。两人泣且谢曰："吾姊妹不幸遭多难，廉耻自爱，何旌之有也？且又无后，将旌之以为谁荣乎？"乡之人卒不能强也。

赞曰：吾尝读《顺治实录》[18]，知大兵之初入关也，淄川人孙之獬[19]即上表归诚，且言其家妇女俱已效国装[20]。之獬在明时，官列于九卿[21]，而江淮之间一介[22]之士、里巷之氓[23]，以不肯效国装死者，头颅僵仆，相望于道而不悔也。呜呼！彼孙氏之妇女，视许氏二女何如哉？

（选自《戴名世散文选集》）

**注释**

[1] 吴江：县名，今属江苏省。

[2] 长适张文达，次适周志达：姐姐嫁给张文达，妹妹嫁给周志达。长，指姐姐。次，指妹妹。适：嫁。

[3] 乙酉：干支纪年，指顺治二年，即1645年。

[4] 薙（tì）发迎降：满人发式，前半头发剃光，后半头发留长扎辫子。清军入关时，要求汉人以满人发式归降。汉族士大夫阶级大多"薙发"等着清军来征。作者戴名世对此极度愤

恨，特以“公卿皆薙发迎降”示蔑视之意。

［5］浸寻：逐渐。

［6］负贩：负载货物随处贩卖，即做小买卖。

［7］会溽（rù）暑：正值天气潮热。溽，湿气熏蒸。

［8］舅姑：公婆。

［9］涕泣被面谢曰：用手蒙着脸，哭着拒绝再嫁。

［10］新妇：古代称儿媳为新妇。

［11］各奉其夫之主而祀之：各自供奉着自己夫君的灵位祭祀。主，代表被祭祀者的偶像或牌位。

［12］生圹（kuàng）：人尚在世而预先准备好的墓穴。圹，墓穴。

［13］淫祠：崇奉鬼神甚多，过度祭祀。淫，过度。

［14］薙发以从其教：剃去头发，出家为尼。教，指佛教。此“薙发”与满兵强令“薙发”，意义不同。

［15］甲戌：干支纪年，指康熙三十三年，即 1694 年。

［16］曩（nǎng）时：以前，昔时。

［17］旌（jīng）：旌表。古代官方赐予孝义德操杰出者的特殊荣誉，一般为之建牌坊或挂匾额于家门，谓之旌表。

［18］《顺治实录》：为清顺治时期的大事记。

［19］孙之獬（xiè）：淄川（今山东淄川县）人，明天启进士，官至侍讲，清兵入关后投降，因练勇守城有功，加官晋爵，一时贵幸。

［20］效国装：仿效满人装束。因满人已经掌握政权，故称

其服饰装束为国装。

［21］九卿：古代中央政府权位最重的九名朝官，各代所指不一，明代以六部尚书、都察院都御史、通政司使、大理寺卿为九卿。

［22］介：同“芥”，卑贱渺小的意思，古语常以此比喻低微贫贱的人或微小的事物。

［23］氓（méng）：同“民”，即普通老百姓。

## 参考译文

吴江县两名节妇，是出身农家的一对姐妹，姓许，家在城西石里村。姐姐嫁给张文达，妹妹嫁给周志达。乙酉年，清兵南下，达官贵人都剃发迎敌，不久投降之风就蔓延到吴江。张文达本以挑担卖货为生，这时跟着明朝一两个有骨气的遗臣起兵反抗，当了一名小卒，扛起武器冲锋陷阵，战败后不肯投降而死。家人不知他是死是活，让姨夫周志达去寻找。清兵抓住周志达，要他剃发归降，他坚决不从，于是被杀害。

这年姐姐 29 岁，妹妹 19 岁。二人相拥而哭，准备寻找丈夫的尸骨。恰逢天气湿热，堆积于城下的尸体都糜烂不可辨认，终于作罢。

姐姐失去丈夫，又无公婆，她哥想接她回娘家。她辞谢说：“丈夫虽死，但这原本是丈夫家。道义上不允许我回娘家。”

妹妹尽心尽意侍奉婆婆，婆婆怜惜她年轻孤苦，要把她嫁给别人。她掩面而泣，辞谢说："我之所以不死，是为了代我夫君侍奉母亲，怎能失节嫁人呢？"多年以后，婆婆得病，命悬一线，靠着她的悉心照料多活了7年。婆婆临终前，与她诀别道："我死后，你就和你姐同住，相依为命吧。"婆婆死后，妹妹把家产都交给周家子弟，自己则投奔姐姐去了。姐妹俩各居一室，各自供奉丈夫的牌位，依时祭祀。

两人本是农家女，善于耕作，一起种了三亩田来养活自己。屋舍旁边有空地，大约可以容纳两具棺木，她们就为自己挖好两个墓穴备用。

吴江有祭祀繁多好拜佛的风俗，贫困无依的妇人，多入庙为尼。有一老尼姑，劝她们剃发出家。姐姐说："不行啊，女人的头发怎么能像男人那样剃掉呢？"妹妹说："我丈夫因不肯剃发而死，我却把头发剃了，我死后有何面目见我丈夫？"甲戌年，姐姐80岁，妹妹70岁，还像从前一样耕田劳作。

乡民怜惜她们，向官府报告她们的事迹，希望官府表彰她们的节操义行。两人哭着辞谢说："我们姐妹多灾多难，知廉耻，知自爱，有什么值得表彰的？再说我们也没个后代，官府的旌表又能成为谁的荣耀呢？"乡民最终没再勉强她们。

作者评论说：我曾读过《顺治实录》，知道清兵刚入关时，淄川人孙之獬就上表投降，并说自家的女人都已经效仿满人着装了。之獬在明朝时，官列九卿，而江淮之间的普通百姓，因为不肯效仿满族着装而死的，身首异处，沿路可见，没人为此感到后悔。唉，那降清的孙氏女人，面对贫寒农家的许氏姐妹该作何想呢？

**赏析与写作指导**

## 为英雄守节

古代的节妇，本指女性出嫁后从一而终，纵使夫君夭亡也不再嫁，即一女不从二夫。本文显然增加了一重含义。许氏姐妹在国家惨遭陵夷时，与夫君同仇敌忾，坚贞不屈。夫君牺牲后，她们不与施暴者集团共戴日月星。作者所倾情歌颂之节，重点乃后者，此系大义大节也。

为了突显许氏姐妹的大义大节，作者从四个方面表彰她们的事迹。

第一，夫君牺牲后，二人既不回娘家，也不改嫁，而是继续操持夫家，服侍夫家亲人。

第二，二人终生供奉亡夫灵位，因为他们不但是夫君，还是反抗侵略的英雄。

第三，半个世纪之后，时过境迁，当年的入侵者早已皇权稳固，江山一统，可是二人坚决谢绝这个政权的旌表，表现了她们誓死不与杀夫灭国的暴力集团妥协的坚韧精神。

第四，以农家姐妹二许及其夫君，还有“江淮之间一介之士、里巷之氓”的誓死反抗，与士大夫家族“薙发迎降”“上表归诚”“其家妇女俱已效国装”的奴颜婢膝相对比，浓墨重彩地再现许氏姐妹及劳动人民的大无畏精神和尊严意识。

本文写作手法特别精彩。一文而表二主，殊非易事，一般人只能“花开两朵，各表一枝”，但戴名世将二者合在一起叙述，且举重若轻，驾驭娴熟。

有时二人事迹分开叙述，有时合而言之，有时又引入其他人物（公卿、孙之獬、孙氏之妇女）对比言之。线索多，事情杂，然多而不冗，杂而不乱，条理分明，节奏清晰。非大手笔，难于如此也。

延伸知识

## 明末清初的中国人口锐减

明朝灭亡后，李自成的大顺军曾在山海关誓死抵抗清军，兵败军溃，血流成河。清兵入关之后，到处遭到抵抗，他们大戮神州，死人无数。“扬州十日”“嘉定三屠”“血洗江南”“血洗岭南”，这些词语体现了苦难深重的民族记忆。

据专家学者研究，明朝末年中国人口在一亿到二亿人之间，经过几十年的动乱，降到了清初的8000万左右。人口锐减的原因，除了饥荒、瘟疫和战争造成减员外，清军南下制造的屠杀也是一个重要因素。因其颁布的“剃发令”与汉民族的文化观念和风俗相悖，所以遭遇了广泛的抵抗。抵抗失败后，往往遭遇清军屠城，其过程惨绝人寰，尸横遍野，造成了大量的人口死亡。学者顾城对此有详细研究。

每一次改朝换代或者外族入主中原，都会因为屠杀、混乱、生产机制失灵、饥荒等原因，造成大规模的人口死亡。

一个民族想要生存安全，首先必须具有抵御侵略、打败一切来犯之敌的能力，否则没有安全可言。

副课文

## 刘伯温揭示朱元璋天命

刘基陈时策一十八款，上从之。会陈氏入寇，献计者或谋以城降；或以钟山有王气，欲奔据之；或欲决死一战，不胜而走未晚也。基独张目不言。上召基入内，基奋曰："先斩主降议及奔钟山者，乃可破贼尔。"上曰："先生计将安出？"基曰："如臣之计，莫如倾府库，开至诚，以固士心。且天道后举者胜，（'且'原作'但'，据明金声玉振集本、明纪绿汇编本改。）宜伏兵伺隙击之。取威制敌，以成王业，在此时也。"上遂用基策，乘东风发伏兵击之，斩获凡若干万。上以克敌之功赏基，基悉辞不受。

中书省设御座，将奉小明王（红巾军领袖韩林儿），以正月朔旦行庆贺礼。刘基大怒，骂曰："彼牧竖（牧奴）尔，奉之何为？"遂不拜。适上召基，基遂陈天命所在，上大感悟，乃定征伐之计。遂攻皖城（今安徽省安庆市潜山市），自昏达旦不拔。基以为宜迳拔江州（今江西省九江市），上遂悉军西上。陈氏率其属走湖广，江州平。

上使都督冯胜将兵攻某城，命刘基授方略。基书纸授之，使夜半出兵，云至某所，见某方青云起，即伏兵；顷有黑云起者，是贼伏也，慎勿妄动；日中后，黑云渐薄而回与青云接者，此贼归也，即衔枚蹑其后，击之，可尽擒也。众初莫肯信。至夜半，诣所指地，果有云起如基言，众以为神，莫敢违，竟拔城擒贼而还。

——〔明〕佚名《国初礼贤录》

1.细读副课文《刘伯温揭示朱元璋天命》。朱元璋部队“奉小明王”是何意？刘伯温为什么反对朱元璋部队“奉小明王”？“适上召基，基遂陈天命所在。”请问“天命所在”是什么意思？

2.请将下面这段文字翻译为白话文。

上使都督冯胜将兵攻某城，命刘基授方略。基书纸授之，使夜半出兵，云至某所，见某方青云起，即伏兵；顷有黑云起者，是贼伏也，慎勿妄动；日中后，黑云渐薄而回与青云接者，此贼归也，即衔枚蹑其后，击之，可尽擒也。众初莫肯信。至夜半，诣所指地，果有云起如基言，众以为神，莫敢违，竟拔城擒贼而还。

# 第三课 崇明老人记

〔清〕陆陇其

这是一篇弘扬孝道的文章。作者没有讨论孝道理论，也没有盛赞子媳如何孝德昭彰，而是平淡地叙述子媳如何赡养老人、娱乐老人，通过简简单单的故事，表现他们的仁善孝顺。

## 人物故事

陆陇其（1630—1692）：谱名世穮，字稼书，浙江平湖县（今浙江嘉兴）人，学者称其为当湖先生，清代理学家。康熙九年（1670）进士。历官江南嘉定、直隶灵寿知县、四川道监察御史等，政绩突出，时称循吏。将升任御史时，因上疏得罪上司而引退回乡。离任时仅有图书几卷及妻子织机一部。崇尚理学，专宗朱熹，排斥陆九渊王阳明及其心学，被清廷誉为“本朝理学儒臣第一”，与陆世仪（明末清初大儒，江苏太仓人）并称“二陆”。辞世几十年后，于乾隆元年（1736）被追谥为清献，加赠内阁学士兼礼部侍郎衔，从祀孔庙。有《三鱼堂文集》《四书讲义困勉录》《读书志疑》等著作传世。

## 主课文

崇明[1]县有吴姓老人者，年已九十九岁，其妇亦九十七岁矣。老人生四子，壮年家贫，鬻[2]子以自给，四子尽为富家奴。及四子长，咸能自立，各自赎身[3]娶妇，遂同居而共养父母焉。

卜居[4]于县治之西，列肆[5]共五间：伯[6]开花布[7]店，仲开布庄[8]，叔开腌腊[9]，季开南北杂货。四铺并列，其中一间，为出入之所。

四子奉养父母，曲尽[10]孝道。始拟膳每月一轮，周而复始。其媳曰："翁姑[11]老矣，若一月一轮，则必历三月后，方得侍奉颜色[12]，太疏。"拟每日一家，周而复始。媳又曰："翁老矣，若一日一轮，则历三日后，方得侍奉颜色，亦疏。"乃以一餐为率[13]，如蚤[14]餐伯，则午餐仲，晚餐叔，则明日蚤餐季，周而复始。若逢五及十，则四子共设于中堂，父母南向坐，东则四子及诸孙辈，西则四媳及诸孙媳辈。分昭穆[15]坐定，以次称觞献寿[16]。率[17]以为常。

老人饮食之所，后置一橱，橱中每家各置钱一串，每串五十文[18]。老人每食毕，反手于橱中随意取钱一串，即往市中嬉，买果饼啖[19]之。橱中钱缺，则其子潜补之[20]，不令老人知也。老人间[21]往知交[22]游，或博弈[23]，或樗蒱[24]。四子知其所往，随遣人密持钱二三百文，安置所游家，并嘱其家佯输钱于老人。老人胜，辄踊跃持钱归，老人亦不知也。亦率以为常，盖数十年无异云。

老人夫妇至今犹无恙[25]。其长子年七十七岁，余子皆颁白[26]。孙与曾孙约共二十余人。崇明总兵[27]刘兆以联表其门[28]，曰："百龄夫妇齐眉[29]，五世孙儿绕膝。"洵不诬[30]也。因援笔记之，以告世之为人子者。

（选自《晚清文选》）

## 注释

[1] 崇明：县名，今属上海市，在长江口崇明岛上。

[2] 鬻（yù）：卖。

[3] 赎身：以钱物换回人身自由。

[4] 卜居：选择住处。

[5] 肆：店铺。

[6] 伯：长子。下文仲为次子，叔为三子，季为四子。

[7] 花布：棉花和布匹。

[8] 布庄：即布行。旧称大商号为庄。

[9] 腌腊：用盐浸泡食物称腌，用盐浸渍肉类，再晒干后称腊。

[10] 曲尽：婉转地、想方设法地做到。

[11] 翁姑：妻子称丈夫的父亲为翁，称丈夫的母亲为姑。

[12] 颜色：原指脸色、面容。侍奉颜色，即当面侍奉。

[13] 率（lǜ）：标准。

[14] 蚤：通“早”。

［15］昭穆：古代的宗庙次序，始祖庙居中，以下父子（祖、父）按次序递为昭穆，左为昭，右为穆。此处指辈分的次序。

［16］称觞献寿：举杯祝寿。

［17］率（shuài）：遵行。

［18］文：旧时铜钱一面铸文字，故称钱一枚为一文。

［19］啖（dàn）：吃。

［20］潜补之：暗中补足它。

［21］间（jiàn）：有时。

［22］知交：知心朋友。

［23］博弈：博，局戏，用六箸十二棋。弈，围棋。

［24］樗蒱（chū pú）：古代博戏，犹如后世掷骰子。

［25］无恙：没疾病、灾祸。恙，忧。

［26］颁（bān）白：指头发花白。颁，同“斑”。

［27］总兵：清代武官名，位次提督。

［28］表其门：贴在他家门上，以示表彰。

［29］齐眉：比喻夫妻相敬相爱。《后汉书·梁鸿传》载，梁鸿每天做工回来，妻子为他端上饭菜，不敢仰视，只是把托盘举起，比齐眉毛。

［30］洵不诬：确实不假。洵，确实，真。诬，假，以无为有。

## 参考译文

崇明县有个姓吴的老人，已经 99 岁了，他的妻子也 97 岁了。老人生了四个儿子，年轻时家境贫困，所以卖了儿子来活命，四个儿子都做了有钱人家的奴仆。等到四个儿子长大了，都能自立时，就各自赎了身，娶媳妇成家，随后一同居住，一起赡养父母。

他们选择在县衙门的西面居住，五间房子连在一起：老大开棉花布匹店，老二开布店，老三开腌菜腊肉店，老四开南北杂货店，四个铺子并排而立。当中一间，是进出的地方。

四个儿子奉养父母，想方设法，以尽孝道。最初打算每月一轮，轮流着供养老人膳食。媳妇们说："公公婆婆年纪大了，如果一月一轮，那必须经过三个月，才可以再当面奉养他们，未免太疏远了。"于是打算每天一家轮流着供养。但媳妇们又说："公公婆婆都老了，如果一天一轮，必须三天后才可再当面奉养，也太疏远了。"于是以一餐轮流一家为规则。譬如早饭在老大家吃，中午在老二家吃，晚饭在老三家吃，第二天的早饭便在老四家吃，这样轮流着进行。如果日子逢五和十，那就四个儿子一同把酒食放在厅堂正中，父母向南坐，东面是四个儿子和孙子辈坐，西面是四个媳妇和孙子媳妇们坐，依据长辈小辈的辈分，按左右次序坐定，然后逐一举杯向老人劝酒祝寿，遵循这个规则，已成了习惯了。

在老人吃饭处的后面，儿子们放了一个橱柜，橱柜里每家各放一串五十文的钱。老人经常吃罢饭，反身随手在橱柜里拿出一串钱，而后到街上去游玩，买些水果糕饼吃。橱柜中的钱不够了，儿子们便私下补足，不让老人知道。老人有时到好友家娱乐，或下棋，或赌钱。四个儿子知道了，便请人私下拿二三百文钱，放在老人所娱乐的人家，并且嘱咐人家，假装输钱给老人。老人赢钱后，就欢欣地拿着钱回家，完全不知道儿子们送钱的事，这件事也照例成了习惯。大概有几十年没有改变过。

老人夫妇俩至今还很健康。他们的大儿子已经 77 岁了，其他三个儿子也头发斑白了，孙子和曾孙共有二十多人。崇明总兵刘兆，写了一副对联贴在老人家的门上，以表彰他们的事迹。对联写道:“百龄夫妇齐眉，五世儿孙绕膝。”确是不假。我因此提笔写下此事，以告天下儿女。

### 赏析与写作指导

## 平平淡淡写日常

孝道乃吾华夏美德。此文未曾正面礼赞孝德，而是以极为平实的白描手法，叙述老人之子媳尽孝的事实。

本文主要用四个材料叙说子媳孝心。

第一个材料，四个儿子不记恨父母当年卖子为奴，长大后都赎身回到父母身边，尽人子之责。他们“伯开花布店，仲开布庄，叔开腌腊，季开南北杂货。四铺并列，其中一间，为出入之所”。

第二个材料，四个儿媳都尽心尽力地照顾老人膳食，生怕间隔时间久而疏远。“乃以一餐为率，如蚤餐伯，则午餐仲，晚餐叔，则明日蚤餐季，周而复始。”还安排每隔五天，家族聚餐，“父母南向坐，东则四子及诸孙辈，西则四媳及诸孙媳辈。分昭穆坐定，以次称觞献寿”。

第三个材料，保证老人有钱花，随时可以买些点心吃。“橱中每家各置钱一串，每串五十文。老人每食毕，反手于橱中随意取钱一串，即往市中嬉，买果饼啖之。橱中钱缺，则其子潜补之，不令老人知也。”

第四个材料，保证老人有娱乐活动，而且让老人在赌博游戏中每次都胜出，以免老人家因为舍不得输钱而放弃娱乐。“四子知其所往，随遣人密持钱二三百文，安置所游家，并嘱其家佯输钱于老人。老人胜，辄踊跃持钱归，老人亦不知也。”

这四个材料，各表现孝心的一个方面。回到父母身边，是不忘父母生育之恩。供饭，是赡养的基本内容，尽孝的底线。按期聚餐，是让父母享受子孙满堂的天伦之乐。给零花钱，是让父母有经济自由，有花钱的快乐。安排邻居输钱给父母，是为了让父母不要放弃娱乐。几方面组织起来，就把子媳的孝德写得很充分，很感人了。

生手作文，总想妙笔生花。要么搜奇猎艳，言人所未言，以惊视听；要么波澜壮阔，气贯长虹，以示才高八斗。可是搜索枯肠，并无奇艳可写，乃至迟迟无法下笔。好不容易落笔，又觉气势不壮，立意不高，乃至无法行进。

其实，将生活中点点滴滴小事，好好组织一番，平平淡淡说来，可能就是一篇有意义的好文章。如果学习写作之初，就能平平淡淡写日常，其写作的长进，可能会快于常人。

此篇《崇明老人记》，或许可启示一二。

## 延伸知识

### 百善孝为先

人皆父母所生，父母所养。小时候敬顺父母，长大了敬养父母，乃人生第一要义。中国文化是养育人的文化，先民创造文化之初，就紧紧抓住孝道，作为人间文化的基础。有人说，孝是中华民族传统文化之精髓，是儒家伦理思想的核心，是千百年来中国社会维系家庭关系的道德准则。将孝德延伸开来，就是维系种族和国家繁荣所必需的精神原则。

“孝”字最早见于殷墟出土的甲骨文，由上面一个“老”和下面一个“子”组成。《说文解字》说，孝即“善事父母者。从老省，从子承老也”。“孝”字的构成，形象地描绘出上面的老人呵护着下面的子女，下面的子女承奉着上面的老人。个人幸福，种族繁衍，文化传承，社会持续，都仰赖这种父慈子孝。

从下面两个孝德故事中，可知中国古人对于孝道重视到何等程度。

炎黄尧舜是中国古代的大圣人，也是华夏民族杰出的领袖。古人对舜如此尊崇，缘于他具有孝的美德。舜的父亲是个盲人，叫瞽叟，舜照顾他非常周到。可是瞽叟特别喜欢后妻和后妻生的儿子象，一家人共同虐待舜。舜却毫无怨言，孝敬父母如故。

尧因舜的孝道，很看重他，特将两个女儿嫁给舜，还想培养舜当接班人。这下瞽叟想干脆把舜杀了，好让象继承全部家产和舜的妻子。瞽叟让舜去修谷仓，他在下面点火，想烧死舜。舜手持两只斗笠，跳下谷仓，安全脱险。后来瞽叟又让舜下坑打井，他和象则给井坑填土，想要活埋舜。象以为得手了，于是占有了舜的妻子，得意地弹琴歌唱。哪知舜找到一条地下通道，成功逃生。他回来也没对父母和弟弟生气，依然孝顺友善。

历史上的大圣人，都是孝子典范，其中深藏着中国文化的密码。

舜的孝行感动了尧，而董永的孝行甚至感动了仙女。

董永是东汉时期千乘（今山东高青县北）人，少年丧母，为躲避兵乱迁居安陆（今属湖北），跟父亲相依为命。父亲病故，董永一贫如洗，无钱安葬。他于是卖身为奴，换取丧葬费，按照人间礼仪安葬了亡父，然后一心为富人服劳役。天上七仙女中最小的妹妹，为董永的仁善孝顺所感动，乃下凡为民，令老槐树为媒，与董永结为夫妻。她发动仙女姐妹帮忙，一下子织成三百匹锦缎，为董永抵债赎身，然后返回董家，过起了男耕女织的生活。

不但尧帝看重孝，天下万民看重孝，就连神仙都看重孝。中国人无论是对天子的想象，还是对男耕女织美好田园生活的向往，都把孝德看作至高无上的美德，看作人间幸福的前提。

所以，孝德，是中国文化的核心价值。中国的古话“万恶淫为首，百善孝为先”，就体现了这种价值观。

**副课文**

## 刘伯温为仇敌说情

上幸凤阳，使刘基居守。基志在澄清天下，乃言于上曰：“宋、元以来，宽纵已久，当使纪纲振肃，而后惠政可施也。”乃命宪司纠察诸道，弹劾无所避。基案劾中书省都事李彬侮法等事，罪当死。丞相李善长素爱彬，乃请缓其事。基不听，遣官赍（jī）奏行在，上从基议，处彬死刑。基承旨即斩之。由是与善长大忤。

比上回京，善长因愬（sù）之。基乃求退，上命归乡里。后上手诏叙基勋伐（功勋），召赴京师，同盟勋册。基至，赉赐（lài cì，赏赐）甚厚，追赠其祖、父爵，皆永嘉郡公。累欲封基爵，基曰：“陛下乃天授，臣何敢贪天之功。圣恩深厚，荣显先人足矣。”遂固辞不敢当，上知其至诚，不强也。

上适以事责丞相李善长，凌悦（人名）因弹之。基为上言：“善长旧勋，且能辑和诸将。”上言：“是数欲害汝，汝乃为之地（为之说情）邪。汝之忠勋，足以任此。”基叩头曰：“是如易柱，必须得大木然后可。若束小木为之，将速颠覆。以天下之广，宜求大才胜彼者。如臣驽钝，尤不可尔。”上怒遂解。

——〔明〕佚名《国初礼贤录》

## 思考与训练

1. 孔子讨论孝道时，曾说:“色难。有事，弟子服其劳；有酒食，先生馔，曾是以为孝乎？”(《论语·为政篇》)孔子说，家里的重活，年轻人会干好，不会要老人动手。家里有好吃的，肯定是老人家先吃，年轻人不会抢先。这也是孝，但是孝若仅止于此，那是远远不够的。最重要的，年轻人对于老人，必须心中怀敬仰，脸色有温婉。如果能够这样和颜悦色地对待老人，这才是真正的孝。所以他感叹说，色难。对照自己的行为，你在“色难”上是否很努力，还需要如何改进？

2. 细读副课文，将下列文字翻译成白话文。

基为上言:“善长旧勋，且能辑和诸将。”上言:“是数欲害汝，汝乃为之地（为之说情）邪。汝之忠勋，足以任此。”基叩头曰:“是如易柱，必须得大木然后可。若束小木为之，将速颠覆。以天下之广，宜求大才胜彼者。如臣驽钝，尤不可尔。”上怒遂解。

# 第四课 石涧记

〔唐〕柳宗元

题解

柳宗元官场失意，贬谪永州，寄情山水，写了不少游记，其中有《永州八记》。《石涧记》是其中第七记。其第四记《小石潭记》，大家上初中时从语文教材中就能读到。八记皆短文，所写景点也极小，皆一溪一涧、一木一石。山水田园，与人间烟火相对应，尤与官场倾轧相对应。柳宗元摆脱俗世烦扰，流连山水景致，入笔极深，出手即成绝品，堪称中国文学史上山水记之冠。

## 人物故事

柳宗元（773—819）：字子厚，唐代河东郡（今山西永济）人，世称“柳河东”。著名文学家、哲学家、诗人，与韩愈同为中唐古文运动领导人，并称“韩柳”。唐宋八大家之一。传世文章有《永州八记》《封建论》等600余篇，经后人辑为30卷，名为《柳河东集》。

## 主课文

石渠之事既穷[1]，上由桥西北，下土山之阴[2]，民又桥焉。其水之大，倍石渠三之一[3]，亘石为底，达于两涯[4]。若床若堂，若陈筵席，若限阃奥[5]。水平布其上，流若织文[6]，响若操琴。揭跣[7]而往，折竹箭，扫陈叶，排腐木，可罗胡床[8]十八九居之。交络[9]之流，触激之音，皆在床下；翠羽之木[10]，龙鳞之石，均荫[11]其上。古之人其有乐乎此耶？后之来者有能追予之践履耶？得之日，与石渠同。

由渴[12]而来者，先石渠，后石涧；由百家濑[13]上而来者，先石涧，后石渠。涧之可穷者，皆出石城村东南，其间可乐者数焉。其上深山幽林逾峭险，道狭不可穷也。

（选自《柳宗元选集》）

## 注释

［1］穷：毕，完成。

［2］土山之阴：山之北曰阴，山之南曰阳。

［3］倍石渠三之一：大多数注家都理解为三倍，其实三之一就是三分之一。关键是对“倍”字如何理解。倍在此是增加、增多之意。

［4］亘（gèn）石为底，达于两涯：连绵的石块呈一个整体，一直延伸到溪流两岸。

［5］若限阃奥：像分割成一个个房间。阃（kǔn），门槛。

奥：房间。

[6] 文：同“纹”，纹彩、花纹。

[7] 揭跣（qì xiǎn）：提起衣服，赤着脚。

[8] 胡床：也称“交床”“交椅”，一种可以折叠的轻便坐具。

[9] 交络：交织，形容水波像交织的纹理。

[10] 翠羽之木：翠羽，翡翠鸟的羽毛，用以形容翠绿色树木之美丽。

[11] 荫（yìn）：庇荫，覆盖。

[12] 渴（hè）：指袁家渴，地名，相关景点。

[13] 百家濑（lài）：水名，在永州古城南二里处。

## 参考译文

发现石渠的事情已经结束，从石渠的桥上向西北走，下到土山北坡，老百姓又架了一座桥。桥下水流，比石渠的水量大三分之一。水底是连绵的石头，延伸到两岸。石头有的像床，有的宽敞如大堂，有的像摆满筵席，有的像用门槛隔开的内外房间。水面平静如布帛，水流如绫罗花纹，水流轻响犹如琴声悠扬。

我们撩起衣襟，赤着脚涉水而过。折断竹箭，扫除陈叶，清除腐朽树枝，清出一块可摆放十八九张交椅的空地，落座休息。交织的流水，潺潺的水声，都在交椅之下；郁郁葱葱的树木，像翠鸟羽毛般美丽，悬崖峭壁，像鱼龙鳞甲般美丽，都投映在交椅之上。古时候有谁曾找到这里，享受此景此乐吗？后世君子，有谁能追随我们的足迹，来此悠游吗？发现石涧的日子，和发现石渠是同一天。

经袁家渴来此，先到石渠，再到石涧；从下游百家濑上来，则先到石涧，后到石渠。要探究石涧之美，需往石城村东南方向走，这一路令人愉悦的景致有好几处。那里山深林密，更加陡峭险要，山道狭窄无法走到尽头。

## 赏析与写作指导

### 一直在场的作家

《石涧记》之绝，不在于对景观的描摹，“亘石为底，达于两涯。若床若堂，若陈筵席，若限阃奥。”这是古今作家谁都能写的。八记之绝，在于作者的心境与行为，在于作者与景观的特殊关系。柳宗元安排衙役给一行游人带来了胡床。他一坐下去就不走了，整个景观重新组织起来，以他为中心构成了新的关系，“交络之流，触激之音，皆在床下；翠羽之木，龙鳞之石，均荫其上”。

他成为景观的一部分，整个景观也成为他的一部分。他还想起往圣先贤和后世君子，似乎一定要等到古人重现，后人登场，好跟他们共论天地大道，叙说人间沧桑。虽然他终究要走，至少日落之前他一定要离开，但文本的叙述结构和内在情感暗示我们，他没有走，他一直在场。

中国士大夫有投身自然、纵情山水的传统，许多名山大川，一代代大手笔登临过、描摹过。可是后人循迹而来，都知道他们已经走了。唯有《永州八记》，读者觉得柳宗元没走，千百年来他一直在场。许多人都写过庐山，但没人觉得这庐山属于他们，庐山永远只属于天地造化。可是柳宗元一写《石涧记》，这石涧就属于柳宗元了。

这就是巨匠与优秀作家的区别。

**延伸知识**

## 士穷乃见节义

永州，古称零陵县或零陵郡，唐武德四年（621）废零陵郡，置永州。1984 年 6 月，撤销零陵县，建立县级永州市和冷水滩市；1995 年 11 月，撤销县级永州市和冷水滩市，建立地级永州市。永州属于南岭地区，山崇岭峻，雨量丰沛，植被茂盛，直到 20 世纪 80 年代还有原始森林。唐代尚属瘴气氤氲的偏僻之地，故为流放贬官的去处。

柳宗元少年早慧，13 岁著文即受到唐德宗和达官贵人赏识。21 岁中进士，任京官。因支持王叔文改革，805 年贬永州刺史，815 年再贬柳州。819 年于柳州病逝，年 46 岁。

柳宗元性情温和，清心寡欲，品高节贵，不卑不亢，决不为改善境遇曲志谀人，受到时人敬重。韩愈作《柳子厚墓志铭》，赞其“士穷乃见节义”。韩愈为人写墓志铭，收费很高，此篇一定是免费的。此外，韩愈还写了《祭柳子厚文》《柳州罗池庙碑》，足见倾情颇重。

副课文

## 朱元璋赋楚辞赐宋濂

上尝与宋濂饮。濂素不胜杯酌，举觞即辞，上强之至三觞，面如赭，行不成步。上欢笑，亲御翰墨，赋楚辞一章以赐，仍命侍臣咸赋醉学士歌，且曰："俾（bǐ，使）后世知朕君臣同乐若此也。"

甘露降，上召濂，赐坐，躬执金杓，炼汤于鼎，以甘露投之，手注于卮以赐濂，曰："此和气所凝，能愈疾延年，故与卿共之耳。"皆异恩也。

上尝曰："朕以布衣为天子，卿亦起草莱列侍从，为开国文臣之首。俾世世与国同休（同享福禄），不亦美乎？"既而致仕（退休），乃加赠其二代考妣官，封词皆上所亲制，天下荣之。

上尝廷誉濂曰："古人太上为圣，其次为贤，其次为君子。若宋景濂者，事朕十九年，而未尝有一言之伪，诮人之短，宠辱不惊，始终无异，其诚君子矣乎！匪止君子，抑可谓之贤者矣。"濂至家，始复入朝，上伫想已久，延问者数矣。及见，大喜，加劳再三。日侍上游观，侍食于便殿，日晏始退。

留朝七旬，以岁暮辞还。上复遣中贵人赐上尊。既行数日，上问濂子璲曰："尔父道中无恙否？"璲以安对。上复谓璲曰："朕畴昔之夜，梦见尔父笑谈如曩时。尔父虽去，其容仪俨然在朕目中也。"璲叩头谢曰："非陛下垂念臣父之至，何以形诸梦寐。"

——〔明〕佚名《国初礼贤录》

## 思考与训练

1. 柳宗元如无贬谪，就不会有《永州八记》。他失去官场万里前程，却得到历代读者的千年赞誉。“塞翁失马，焉知非福也。”人世间纷繁复杂，谁都不知下一步会遭遇何境。胸有大道，永不自暴自弃，顺境逆境，均可有成。如果你遭遇柳宗元式的命运，你能有所持守吗？

2. 请将副课文《朱元璋赋楚辞赐宋濂》中的下列句子翻译为白话文。

> 甘露降，上召濂，赐坐，躬执金杓，炼汤于鼎，以甘露投之，手注于卮以赐濂，曰：“此和气所凝，能愈疾延年，故与卿共之耳。”皆异恩也。

# 第五课《述庵文钞》[1]序

〔清〕姚鼐

题解

学术著作靠什么支撑？姚鼐提出了义理、考证、文章三元素。三者达到均衡，才是好著作。

## 人物故事

姚鼐（1731—1815）：字姬传，一字梦谷，室名惜抱轩，人称“惜抱先生”。安徽桐城人，桐城派散文代表作家之一。乾隆年间进士，官至刑部郎中、记名御史。历主江宁、扬州等地书院。曾受业于刘大櫆。主张文章必须兼顾义理、考据、辞章，并以阳刚、阴柔区别文章风格。著有《惜抱轩全集》，并编选有《古文辞类纂》《五七言今体诗钞》。

王昶（1725—1806）：字德甫，一字琴德，号述庵，又号兰泉。苏州青浦（今上海市青浦区）人，祖籍浙江兰溪。乾隆时期进士，官至刑部右侍郎。比姚鼐年长7岁。著有《使楚从谭》《征缅纪闻》《春融堂诗文集》。辑有《明词综》《国朝词综》《湖海诗传》《湖海文传》等书。

## 主课文

余尝论学问之事，有三端[2]焉，曰：义理[3]也，考证[4]也，文章也。是三者，苟善用之，则皆足以相济，苟不善用之，则或至于相害。今夫博学强识而善言德行者，固文之贵也；寡闻而浅识者，固文之陋也。然而世有言义理之过[5]者，其辞芜杂俚近，如语录[6]而不文；为考证之过者，至繁碎缴绕[7]，而语不可了当[8]。以为文之至美，而反以为病[9]者，何哉？其故由于自喜之太过，而智昧于所当择也。夫天之生才，虽美不能无偏，故以能兼长者为贵。而兼之中[10]又有害焉，岂非能尽其天之所与之量[11]，而不以才自蔽者之难得与？

青浦王兰泉先生，其才天与之，三者皆具之才也。先生为文，有唐宋大家之高韵逸气，而议论考核，甚辨而不烦，极博而不芜，精到而意不至于竭尽。此善用其天与以能兼之才，而不以自喜之过而害其美者矣。先生历官多从戎旅[12]，驰驱梁、益[13]，周览万里，助威国家，定绝域之奇功。因取异见骇闻之事与境，以发其瓌伟[14]之辞为古文，人所未有。世以此谓天之助成先生之文章者，若独异于人。吾谓此不足为先生异，而先生能自尽其才，以善承天与者之为异也。

鼐少于京师识先生，时先生亦年才三十，而鼐心独贵其才。及先生仕至正卿[15]，老归海上，自定其文曰《述庵文钞》四十卷，见寄于金陵。发而读之，自谓粗能知先生用意之深。恐天下学者读先生集，第叹服其美而或不明其所以美，是不可自隐其愚陋之识，而不为天下明告之也。若夫先生之诗集及他著述，其体虽不必尽同于古文，而一以余此言求之，亦皆可得其美之大者云。

（选自《姚鼐文选》）

## 注释

［1］《述庵文钞》：清王昶著。

［2］三端：三个方面。端，端绪，头绪。

［3］义理：亦即方苞“义法”说中的所谓“义”，指儒家大道及程朱理学之理。

［4］考证：对史实、名物、文献等的分析、考察。

［5］过：过分。

［6］语录：古代学子记录先生讲课传道的文字，被称为“语录”。

［7］缴绕：缠绕，纷杂。

［8］了当：了结。

［9］反以为病：反而因此成了弊病。

［10］害：坏，不足。

［11］天之所与之量：上天所给予的天分，禀赋。

［12］多从戎旅：长期随军征战。

［13］梁、益：古代州名，均在今四川省。

［14］瓌伟：瑰伟，奇伟。

［15］正卿：清代有三品至五品虚衔表示官员级别，称为“正卿”。

## 参考译文

我曾说过，学问之要在三个方面，即义理、考证、文章。三者运用得当，即可相辅相成；如运用不好，可能互相妨害。现今博学强识并有良好言行者，其文章本来就高雅；孤陋寡闻且学识浅薄者，其文章本来就浅陋。但世间有过于追求义理者，其言辞杂乱没有条理，像语录体而无文采；有过于追求考证者，其文章往往琐碎纠缠，没完没了。自以为文章十全十美，反而因此弊病丛生，为何如此？原因在于沉溺于自己的喜好，而不知有所选择、剪裁。天赐之才固然宝贵，可惜必有长短偏废，若能兼具三种长处，当然最为宝贵。即使兼具众长，依然会有不足之处。天生有才能的人，他的文章虽美但不能没有偏重，所以能兼有三者长处的是最为宝贵的，然而兼具了众长之中也还是会有不足。若能充分发挥天赐禀赋，而且不滥用禀赋以自我迷失，岂不是很难得吗？

青浦王兰泉先生，其才乃上天所赐，且义理、考证、文章三才兼具。先生之文，具有唐宋名家的高雅飘逸，议论考证，雄辩而不烦琐，广博而不芜杂，精细周到却不会一览无余。他善于运用天赐禀赋和诸般长处，却不会无节制地滥用天赋而妨害文章之美。先生做官长期随军征战，在梁州、益州等地纵横驰骋，遍览万里风光，为国效力，建立了安邦定边的奇伟功勋。依据这些传奇经历和别致见闻，写成文辞瑰丽奇伟的古文，独成一家。所以有人说是上天帮助先生成就了独特文风，有别于各路文豪艺雄。我认为这并非先生与众不同之处，先生能发挥自己三者兼具的才能，并善于运用上天赐予他的诸般禀赋，才使自己有别于他人。

我年轻时在京城认识先生，当时先生才30岁，我心里特别推崇他的才能。到先生官至正卿，年老回到老家，自己编辑文稿，命名为《述庵文钞》，共四十卷，从金陵寄给我。打开细读，自认为能粗略懂得先生著述深意。我担心天下书生读先生的文集，只会赞叹其文辞华美而不知其为何华美，所以我不敢隐藏自己的愚陋之见，而不诚恳地昭告天下读书人。至于先生的诗集和其他著述，体裁虽然不同于古文，只要沿着我的思路探求思索，也都可以体会其宏旨大美。

## 赏析与写作指导

### 一篇简短的写作教材

所谓义理，就是文章必须有主张、有观点、有修己安人治国平天下的现实针对性，而且必须符合圣贤大道。此为言而有物。

所谓考证（考据），就是文章所言必须有依据，或者通过调查研究，或者通过总结历史经验，或者通过古代圣贤的作为和言论，给你的观点、主张提供论据，使之能在中国的思想传统中立住。此为言而有据。

所谓文章（辞章），就是要有条理、有结构、有文采。此为言而有文。

这三种因素必须相互配合、相互支撑，达到某种均衡，才能写出好作品。

这不仅代表了桐城派的观点，也代表了历朝历代圣贤的基本看法。

这三种因素其实是三种禀赋。必须三种禀赋都有，且经过漫长的学习、训练，三种禀赋都在作品中得到合理的、均衡的体现，才可能凝聚成较好的文本。“是三者，苟善用之，则皆足以相济，苟不善用之，则或至于相害。”所言即此。历史上有许多杰出著作，都符合姚鼐所论要求。比如《尚书》《左传》《孟子》《庄子》《史记》以及李斯、贾谊等人的文章，都堪称文质彬彬的典范。

是不是意识到了这三种因素和禀赋，就必定能写出好作品呢？未必。有的作品义理、考据很好，可是文字板滞，语言拗口，文采暗淡。有一些历史地位特别崇高的文章大家，本《国学梯级公开课》少选或不选其文，就因为其辞章较差，略输文采。姚鼐本人的文章，义理考证俱好，却不怎么好读，所以仅选此一篇。

本文还有个重要观点，即有的人有某种突出禀赋，千万不要过度放纵这种禀赋，让其单方面发展，而任由另两种元素缺席。这样是写不出好文章的。“然而世有言义理之过者，其辞芜杂俚近，如语录而不文；为考证之过者，至繁碎缴绕，而语不可了当。以为文之至美，而反以为病者，何哉？其故由于自喜之太过，而智昧于所当择也。”说的就是这个道理。必须以强大的理性驾驭天赋，以刻苦训练补齐另两种天赋的缺失，才能让作品向均衡与完美的目标靠近。

本文可看作写作教材，值得习者仔细揣摩、品味。

## 延伸知识

### 徐渭为什么发疯自残?

徐渭(1521—1593)，绍兴府山阴(今浙江绍兴)人。字文长，号青藤老人、青藤道士、天池生、天池山人、田水月等。明代著名文学家、书画家、戏曲家、军事家。与解缙、杨慎并称“明代三才子”。他是中国“泼墨大写意画派”创始人、“青藤画派”鼻祖。兼工山水、人物、花鸟、竹石，开一代画风。书善行草。其作品对后世书画的发展影响极大。徐渭文武双全，协助胡宗宪剿灭倭寇，功勋卓著，堪称英雄。

其晚辈学人梅国桢（1542—1605）说他:“病奇于人，人奇于诗，诗奇于字，字奇于文，文奇于画。”《明史·徐渭传》说他自称“吾书第一，诗次之，文次之，画又次之”。另一位晚辈学人袁宏道（1568—1610），写过一篇《徐文长传》，对他推崇备至。该传极力渲染其疯狂怪异:“自持斧击破其头，血流被面，头骨皆折，揉之有声。或槌其囊，或以利锥锥其两耳，深入寸余，竟不得死。”二人都强调徐渭的病与怪。此种疯狂自残，让后世读者心生隔膜与恐惧，甚至不无厌恶之情。

读《明史·徐渭传》就知道，其实徐渭没那么畸形。他发疯自残，并非因为怪，而是具有社会政治原因。

徐渭自小才华超绝，远近闻名。胡宗宪（1512—1565）担任直隶浙江总督时，将其招至幕府，深爱其才。胡宗宪得一白鹿，欲献给朝廷，命众幕僚各草《进白鹿表》，托朝中大学士从中挑选最优者，呈给嘉靖皇帝。嘉靖帝读到徐渭的表文，极其喜欢，由此更加宠爱胡宗宪，胡宗宪也因此更加赏识徐渭。

徐渭闻名于皇上，得宠于总督，其恃才傲物、藐视天下的文人毛病越发严重。《明史》说他“藉宗宪势，颇横”。后来胡宗宪受奸相严嵩案牵连，蒙冤下狱。嘉靖皇帝救他出狱，可是宰相徐阶找到新的罪证，再次将他逮捕。他乃自杀于狱中。徐渭系胡宗宪心腹，日夜担心受牵连，于是假装发疯。无论是达官贵人，还是文人骚客，早就被他得罪光了，少有为他说话者。因在恐惧中煎熬太久，遂由装疯而真疯。于是有了斧砸头、锥刺耳的自残行为。事实上，在胡宗宪案件风头过后，徐渭不再装疯，基本恢复了正常，还大江南北四处游览，考察东北边防。胡宗宪辞世后，徐渭又活了28年。

《徐文长传》对徐渭的敬仰推崇，甚是感人，但是对其发疯自残，有所矫饰，甚至暗含欣赏，终系败笔。《明史》叙事平庸无才，但能客观其事，直陈因果，终于挽救了徐渭的形象。若因傲慢而发疯，很难受到读者尊重，因恐惧而发疯，则能博得读者同情。后人读《明史》者甚少，读《徐文长传》者甚多，于是徐渭一直被看作畸形人格的代表。袁宏道以其具有畸形倾向的审美趣味，塑造了一种畸形人格，实际上是对徐渭的伤害。此种畸形审美倾向，也严重影响了该文的高度和价值。

副课文

## 朱元璋为刘伯温家乡减税

张士诚平后，张昶欲乱政，乃使人上书，称颂功德，劝上宜及时为娱乐。上以示刘基，基曰："是欲为赵高也。"上颔之。昶色动，知基得其情也，乃使齐翼岩等伺察基阴事，欲陷之。未及发，而昶先事受诛。及司天台灾，翼岩因为书言之于上，其事多基平日密闻于上，或上使为之者，翼岩未之知也。书奏，上切责翼岩，斩之，遂治党与，尽得其与昶通谋状。

上以刘基为太史令，值荧惑守心（一种天文现象，荧惑即火星），群臣震惧。基密奏上，宜罪己以回天意。次日，上临朝，即以基语谕群臣，众心始安。后大旱，上命基谂(shěn)滞狱(积压未审决之案件)，凡平反出若干人，天应时雨。上大喜。基因奏请立法定制，遂从之。

洪武元年春正月，上登大宝于南郊。越翼(翌)日，召刘基、章溢入见。上御奉天殿，群臣咸在。上历言二人之功，并拜御史中丞。基密奏立军卫法。会章溢奏定处州七县税粮，比宋制亩悉加五合。上特命青田县粮止作五合起科，余准所拟，且曰："使刘伯温乡里子孙世世为美谈也。"

刘基在京疾笃，上以其久不出问之，知不能起也。特亲制文一通，遣使驰驿送还乡里，居家一月而薨。

——〔明〕佚名《国初礼贤录》

## 思考与训练

1.“议论考核，甚辨而不烦，极博而不芜，精到而意不至于竭尽。”这几句是谈论王兰泉文章的优点。既然“不至于竭尽”是文章优点，那么，“竭尽”就肯定是缺点。为什么说“竭尽”其意是文章的缺点呢？结合你的写作经验，谈谈你对此观点的理解。

2. 请将副课文《朱元璋为刘伯温家乡减税》中的下列文字翻译为白话文。

洪武元年春正月，上登大宝于南郊。越翼(翌)日，召刘基、章溢入见。上御奉天殿，群臣咸在。上历言二人之功，并拜御史中丞。基密奏立军卫法。会章溢奏定处州七县税粮，比宋制亩悉加五合。上特命青田县粮止作五合起科，余准所拟，且曰："使刘伯温乡里子孙世世为美谈也。"

# 经部

# 第六课 巧言令色，鲜矣仁

〔春秋〕孔子

言是人类的重要创造，也是人类的重要能力。孔子关注言与德的互动关系，尤其注重善言与恶德的关系。

## 人物故事

孔子（前 551—前 479）：祖籍宋国，生于鲁国。古代儒学集大成者，中国历史上影响最大的思想家、教育家。曾在鲁国担任过 4 年公职，官至宰相。当时鲁国三桓（卿大夫孟孙氏、叔孙氏和季孙氏）擅权，公室衰弱。这种政治格局不合周礼。孔子想削弱三桓，强化鲁君权势，受到三桓的抵制。孔子无法继续履职，只好辞官去周游列国，企图到其他国家推行自己克己复礼、仁政爱民的政治主张。孔子东奔西走 14 年，毫无所获，最后只好回到鲁国办学教书，并整理古代文献。传说古代六经诸如《周易》《春秋》《诗经》等都经过他的整理。《论语》成书于孔子身后，系孔子弟子和再传弟子记录孔子言论，结集为书。汉代以后该书逐渐受到执政者重视，对中国历史文化和士大夫思想产生了巨大影响。宋以后有“半部论语治天下”的俗语。

司马牛（生卒年不详）：复姓司马，名耕，一名犁，字子牛。孔门弟子。宋国贵族，相传为宋国大夫桓魋（tuí）之弟。因桓魋作乱宋国，司马牛奔齐奔吴，最后死于鲁国。《史记·仲尼弟子列传》说他“多言而躁”。

## 主课文

子曰：“巧言令色[1]，鲜矣仁。”

子曰：“有德者必有言[2]，有言者不必有德。仁者必有勇，勇者不必有仁。”

子曰：“君子欲讷[3]于言而敏于行。”

司马牛问仁。子曰：“仁者，其言也讱[4]。”曰：“其言也讱，斯谓之仁已乎？”子曰：“为之难，言之得无讱乎？”

子曰：“巧言[5]乱德[6]。小不忍，则乱大谋[7]。”

子曰：“不有祝鮀之佞，而有宋朝之美，难乎免于今之世矣。”

（选自《论语》）

## 注释

[1] 巧言令色：乖巧的言语，恭顺的神情。

[2] 有言：有主张，有学说。

[3] 讷（nè）：形容说话迟钝、谨慎。

［4］讱（rèn）：言语缓慢谨慎。为：行动，做。

［5］巧言：花言巧语。

［6］乱德：败坏道德。

［7］大谋：远大理想，远大规划，诸事中的大局。

## 参考译文

孔子说："那些花言巧语唯唯诺诺的人，心中缺仁德。"

孔子说："有品德者必定有正直可敬的言论，有正直可敬言论者未必有品德。内心仁爱者必有勇敢行为，勇敢行为者未必内心仁爱。"

孔子说："君子说话要迟缓谨慎，办事要敏捷勤勉。"

司马牛请教什么是仁。孔子说："仁者，他说话谨慎。"司马牛说："说话谨慎，这就是仁吗？"孔子说："做起来很难，说话能不谨慎吗？"

孔子说："花言巧语只会败坏道德，小处不能忍耐、放弃，就会扰乱远大抱负。"

孔子说："如果没有祝鮀那样的巧言，仅有宋朝那样的美貌，在当今之世还是难以逃避祸害。"

赏析与写作指导

## 语言也是掩饰思想感情的

“巧言令色，鲜矣仁。”这句话在《论语》中出现两次，第一次是《论语·学而》，列第三章，第二次是《论语·阳货》，列第十七章。

语言是表达思想感情的，但是，有时候语言也是掩饰思想感情的，营造假的思想感情来误导对方，以期达到其目的。巧言令色，就是以虚假的语言、伪善的表情，营造虚假情景，发布虚假信息，伪装自己，取悦他人，或者误导他人。

为什么这样就缺仁呢？因为仁首先得有诚。仁者，二人真诚相处也。巧言令色，取悦他人，与诚背道而驰，所以肯定是不仁。

品德和仁爱是内在素质，言论和勇敢行为是外在表现。正常情况下，一个人的内在素质跟他的外在表现应该是统一的，这就是自然真实的状态。

但是，人性如此复杂，有些人可能有意无意地要伪装自己，要显得自己具有内在的品德和仁爱，于是就在外在表现上下功夫，常常说一些似乎很正直、很可敬的话，做一些似乎很勇敢的行为。

我们如果根据这些外在表现，就认定他一定具有内在的品德和仁爱，那就是误判了。孔子之所以特别厌恶巧言令色，就因为巧言令色乃“有言无德，有勇无仁”。

其实还有另外一种情况，就是今人钱穆所云：“有德者不贵言而自有之，仁者不贵勇而自有之。”的确如此，真正高贵的生命是自在自足的，他不需要刻意显现自己的大仁大怀大慈大悲，不屑于以言语和行为示意众生。大菩萨度人从来是暗中发力，从来不对众生说你的命是我救的。《老子》云“善行无辙迹”，此之谓也。

为什么要讷于言而敏于行？第一，言说容易，力行艰难，你说的可能你做不到，所以当慎之。第二，无论是在日常生活中，还是在面对公众时，你以言语表态承诺，人家对你就有期待，可是你的表态和承诺如果都无法实现，人家的期待落空，往后你就没法取信于人，从而无法得到人家的支持。

为什么第二点很重要，因为古代君子一般都有官位，齐家治国是他们主要的人生内容，若不能谨言慎行，工作难于展开，人生就会失败。

孔子施教，因人而异。司马牛性情急躁，心直口快，孔子就要他说话迟缓谨慎，说那就是仁。司马牛好像认为这太简单了，说怎么这样就算是仁呀？孔子就用言行一致的原则教导他。所谓因材施教，各有针对性，方法千变万化，背后的原则却是一致的。言行一致是孔子把握的一条原则。

**延伸知识**

## 不爱口才和美色

最后一章有点费解，对“不有……而有……”这两个句子的关系，历来有不同解释。我这里先介绍祝鮀和宋朝的故事，再来讲原文意思。

祝鮀以能言善辩受到卫灵公重用，在外交场合有突出表现。诸侯之间一提到祝鮀，就会对卫国尊重有加。有一次鲁国宰执季康子问孔子，卫灵公无道，为什么国家不灭亡？孔子说，因为有三个重臣支撑着。这三个重臣中就有祝鮀。可见孔子对祝鮀的口才很肯定。

有一次晋国会盟诸侯，准备把卫国排列在蔡国后边。卫灵公马上派祝鮀去跟晋国沟通。祝鮀从武王灭商，说到周公辅政，又说到管蔡叛乱，从卫国君主的德行，说到历史上卫国排在蔡国前的惯例。晋国一听，觉得祝鮀所言的确有理，马上改变了决定。祝鮀的口才维护了国家利益，誉满当世，孔子也很看重他。这里只是拿他作为一个例子，来批评世人太重口才，甚至只认口才，并非对祝鮀本人的否定。

宋朝的故事跌宕起伏，特别精彩。据说宋朝相貌极佳，美色动人。男人见了动欢心，女人见了动色情。他本是宋国公子，就是宋国君主的儿子，因为不是长子，所以不能继承王位。他来到卫国，卫灵公一见倾心。卫灵公是个生活上混乱、政治上开明的君王。他不但喜欢女人，也喜欢男人。美男子弥子瑕从晋国来到卫国，也受到卫灵公的重用。卫灵公甚至愿意吃弥子瑕吃剩的桃子，还觉得很荣幸。祝鮀一直激烈地进谏卫灵公，要他远离弥子瑕。卫灵公一直不理睬。祝鮀嘱咐儿子，他死后将遗体放在窗下，以尸体进谏卫灵公，要他无论如何疏远佞臣弥子瑕。那时候弥子瑕已经年老色衰，卫灵公就按照祝鮀生前要求，解除了弥子瑕的职务。

宋朝也是卫灵公的男宠，在朝廷有特殊地位。他像卫灵公一样，也是个有双重性取向的人，不但跟卫灵公好，还与卫灵公的嫡母襄夫人宣姜，卫灵公夫人南子，都保持性关系。前521年，宋朝与齐豹等人发动叛乱，杀了卫灵公的叔叔与哥哥，事败逃亡晋国。卫灵公复位后，以南子心系宋朝为名，召宋朝返卫。实际上卫灵公也思念宋朝。卫太子蒯聩（kuǎi kuì）途经宋国，宋人向他唱歌讽之。“既定尔娄猪，盍归吾艾豭（jiā）？”意思是：你们那只求子的母猪（指南子）既然已经得到了满足，为什么还不归还我们那漂亮的公猪（指宋朝）？成语“娄猪艾豭”即由此来。

本章的解读历来分歧很大。孔子列出这两位当世名人，要强调什么？主要分歧点在于，能够免于灾祸的，究竟是祝鮀的口才、宋朝的美色两项，还是祝鮀的口才一项？这关系到如何理解“而有”。“而有”是承接上一句顺着说，还是承接上一句反着说？

按照孔子的一贯思想，他对口才和美色都作负面评价。“巧言令色，鲜矣仁。”祝鮀巧言，宋朝令色，都不是好东西。如果没有祝鮀之佞和宋朝之美，在这个世界就没法混了。这样解释十分符合孔子的价值倾向。可是，“而”字怎么也解不出并列的“和”的意思，或者表示否定的“不”的意思。“而”之后的“有”字，明明不是跟在“不”字后边，强调“宋朝之美”之无，而是强调“宋朝之美”之有。所以，我把它翻译为“如果没有祝鮀那样的巧言，仅有宋朝这样的美貌，在当今之世，还是难以逃避祸害”。

这样解读有一个好处，孔子在这里强调的是言语的作用，被当今世界无限夸大，成为获得成功的最主要因素。如果没有口才这个必要因素，纵使有宋朝之美，也还是不足以保证荣华富贵，说不定哪天就会灾祸降临。

副课文

## 患难相恤

患难之事七。

一曰水火，小则遣人救之，甚则亲往，多率人救，且吊之。

二曰盗贼，近者同力追捕，有力者为告之官司。其家贫，则为之助出募赏。

三曰疾病，小则遣人问之，甚则为访医药。贫则助其养疾之资。

四曰死丧，阙人则助其干办，乏财则赠赙借贷。

五曰孤弱，孤遗无依者，若能自赡，则为之区处，稽其出内，或闻于官司，或择人教之，及为求婚姻。贫者，协力济之，无令失所。若有侵欺之者，众人力为之办理。若稍长而放逸不检，亦防察约束之，无令陷于不义。

六曰诬枉，有为人诬枉过恶，不能自伸者，势可以闻于官府则为言之，有方略可以救解则为解之。或其家因而失所者，众共以财济之。

七曰贫乏，有安贫守分而生计大不足者，众以财济之，或为之假贷置产，以岁月偿之。

右患难相恤之事。凡有当救恤者，其家告于约正，急则同约之近者为之告，约正命值月告之，且为之纠集而绳督之。

凡同约者，财物、器用、车马、人仆皆有无相假。若不急之用，及有所妨者，则不必借。可借而不借，及逾期不还，及损坏借物者，论如犯约之过，书于籍。

邻里或有缓急，虽非同约而先闻知者，亦当救助。或不能救助，则为之告于同约而谋之。有能如此，则亦书其善于籍，以告乡人。

——〔北宋〕吕大钧《吕氏乡约》

## 思考与训练

1.“巧言乱德”与“小不忍，则乱大谋”为什么连在一起说，这两句话有什么内在的关联？请跟身边朋友讨论讨论。

______________________________

______________________________

______________________________

2. 仔细阅读副课文《患难相恤》，把下列句子翻译为白话文。

邻里或有缓急，虽非同约而先闻知者，亦当救助。或不能救助，则为之告于同约而谋之。有能如此，则亦书其善于籍，以告乡人。

______________________________

______________________________

______________________________

# 第七课　听其言而观其行

〔春秋〕孔子

言与行是否一致，差距有多大？这是人们讨论的一个重要问题。孔子对言行一致有明确的要求，反对虚言伪言，提出察人阅世要“听其言而观其行”。

## 人物故事

宰予（前522—前458）：字子我，亦称宰我，春秋末鲁国人，“孔门十哲”之一，“言语”科高足。小孔子29岁，曾从孔子周游列国，常受孔子派遣，使于齐国、楚国。宰予好学深思，敢于问难。《论语》中唯一一个曾正面对孔子学说提出异议者，就是宰予。

子张（前504—？）：复姓颛孙，名师，字子张。孔门弟子。春秋时期陈国阳城（今河南登封）人。出身微贱，师从孔子，特别虔诚，尤重忠信之教。虽学干禄，未尝从政。孔子死后，子张受到曾子、颜路（颜回的父亲）的排挤，被迫离开鲁国，到陈国招徒行教，宣扬儒学。《韩非子·显学》云，孔子之后，儒家分为八派，而“子张氏之儒”名列榜首。可见他的学说和教育都有巨大的影响。

## 主课文

宰予昼寝[1]。子曰：“朽木不可雕[2]也，粪土之墙不可杇[3]也；于予与何诛[4]？”子曰：“始吾于人也，听其言而信其行；今吾于人也，听其言而观其行。于予与改是。”

子贡问君子[5]。子曰：“先[6]行[7]其言而后从[8]之。”

子曰：“古者言之不出，耻躬[9]之不逮[10]也。”

子张学干禄[11]。子曰：“多闻阙[12]疑，慎言其余，则寡尤[13]。多见阙殆，慎行其余，则寡悔。言寡尤，行寡悔，禄在其中矣。”

子曰：“其言之不怍[14]，则为之也难。”

子张问行[15]。子曰：“言忠信，行笃敬[16]，虽蛮貊之邦，行矣[17]。言不忠信，行不笃敬，虽州里，行乎哉？立则见其参于前也，在舆则见其倚于衡也，夫然后行[18]。”子张书诸绅[19]。

（选自《论语》）

## 注释

[1] 昼寝：白天睡觉。

[2] 朽木不可雕：木朽之后，虽加刀斧，无法起线塑形，故曰“朽木不可雕”。

[3] 杇（wū）：同“圬”。一指泥瓦工人用的木质抹子，名

词。二指用抹子抹墙，动词。

［4］何诛：责备什么好呢？诛，责备。

［5］问君子：请教什么是君子。君子不是动词“问”的宾语，而是“问”的内容。

［6］先：先于言。

［7］行：践履也。

［8］从：依从。

［9］躬：亲自，亲力亲为。

［10］逮：达到，赶上。

［11］干禄：谋求禄位。禄即官俸，指从政。

［12］阙：空缺，放置。

［13］尤：过错。

［14］怍（zuò）：惭愧。

［15］问行：此“行”指远行，出远门，乃衣食住行之行。

［16］行笃敬：此“行”指行为。

［17］行矣：此“行”指行得通，能被他人他国接受、认可。

［18］然后行：此“行”同“行矣”之行。

［19］书诸绅：写在衣带上。绅即贵族系在腰间的大带子。

## 参考译文

宰予白天睡觉。孔子批评道：“宰予这个人呀，像一根朽木，无法雕刻成像样的作品，像秽土筑成的墙，无法抹成平坦光洁的样子。对他还有什么好责备的呢？已经无可救药啦。”孔子又说：“以前我对人，是听其言就相信他的行为也会跟上，现在我没那么轻信了，我听其言会观察他是不是言行一致。宰予的表现，让我有了这种改变。”

子贡向孔子请教怎样做才算是君子，孔子说：“心中有什么目标，先付诸行动，然后再言说，这就算是君子了。”

孔子说：“古人言语不轻易出口，怕的是自己的行动达不到。”

子张请教怎样谋求官位。孔子说：“多听，有怀疑的地方就有所保留，其余没有疑虑的地方就谨慎说话，这样就可以少犯过错。多看，有怀疑的地方就有所保留，其余没有疑虑的地方就谨慎付诸行动，这样就可以少做懊悔之事。言语少过错，行动少懊悔，官位利禄就在这里面了。”

孔子说：“说起话来没有愧疚，老讲大话，做起事来就很难兑现。”

子张请教出门远行，怎样做才能受到尊重。孔子说：“出门在外，言语必须真诚守信，行为必须庄重恭敬。能恪守这条准则，即使在荒远地区，也能受到尊重，畅行无阻。如果言语不能真诚守信，行为不能庄重恭敬，即使在人口多、社会繁荣的本乡本土，也是行不通的。站立时，就像见到这条准则在你面前；乘车时，就像这条准则倚靠在横木上。这样，到哪里都行得通。”子张把孔子的话记录在衣带上。

**赏析与写作指导**

## 孔夫子以骂立规

宰予白天睡觉，意志懈怠，律己不严，为学不勤，让孔子失望，孔子乃痛骂其“朽木不可雕也，粪土之墙不可杇”，都是很重的话。“于予与何诛”，更重，等于说这个人已经无可救药，我已经无法教他也不敢指望他，能改过自新了。对一个弟子如此绝望，而且情绪反应如此强烈，《论语》中仅此一次。《论语》中称呼门徒，最尊者称子，只有曾参、有若、闵子骞、冉有四人。其他人皆称字不称名，也是尊称。唯有此章，对宰予直呼其名。估计著述者根据孔子的情绪，故意直呼宰予，以示贬责。

孔子的这两段话，估计不是一次所言。头一次只是大骂一通，稍后的另一个场合，他心平气和地总结经验教训，才说了第二段话。第二段话凸显了言行一致的主题。“听其言而观其行”，就是看看他是不是言行一致。《论语》中讨论言说的文字共有十几章，主要都是在强调言行一致。孔子劝大家慎言，也是为了减少言语与行为的巨大差距，言语与行为的裂痕越大，你的品德和社会形象就越是难于立住。所以，言行是否一致，是评价君子小人的重要标准。

由孔子所言“听其言而信其行”可以推断，宰予是个大嘴巴，心直口快，喜欢说大话，还喜欢对孔子授课提出异议。孔子一开始欣赏他的大话，以为他胸怀大志，好学勤思，前途无量。后来发现他意志懈怠，不思进取，乃勃然大怒，以雷霆之言震之撼之。

孔子对宰予并不是真的绝望。他骂宰予不值得责备，实际上是最重的责备，他骂宰予无可救药，实际上是给宰予服用苦药，以振奋精神。后来的事实证明，宰予的发展，没有辜负孔子的期望。孔子曾言："吾以言取人，失之宰予。"说明宰予品行俱佳，为孔子所认可。俗语云"百里挑一"，孔门弟子三千，宰予名列十哲，三百挑一，乃贤中之贤也。

孔子大骂宰予，除了挽救宰予之外，更深之意在于，为孔门立下两条规矩：第一，凡我孔门弟子，必须苦学勤思，进德修能，胸怀尧舜大志，不可意志懈怠，不思进取；第二，凡我孔门弟子，必须言行一致，修己安人，躬行大道，教化天下，不可玩世不恭，虚言混世。

延伸知识

## 忠信笃敬走四方

何谓蛮貊之邦？蛮在南，貊在北，都是异族所居，文化各异。何谓州里？这跟古代行政建制有关。《周礼·地官司徒第二》关于周代基层行政建制有两种表述。一种说："五家为比，五比为闾，四闾为族，五族为党，五党为州，五州为乡。"另一种说："五家为邻，五邻为里，四里为酂（zàn），五酂为鄙，五鄙为县，五县为遂。"州里、乡党、比邻（天涯若比邻）等词语都源于此。州里就是人烟稠密、建制齐全、教化完备的华夏地区，可以引申为本乡本土的意思。

在孔子看来，言语忠信、行为笃敬，就是人类社会的通行证，无论文明地区还是野蛮地区，它都是公认的普遍原则，只要符合这个普遍原则，蛮貊、州里都会认可你，尊重你。有仁有义走遍天下，无仁无义寸步难行。

子张很认可孔子的教导，恭恭敬敬地将这话写在衣带上，以示奉行不违。

副课文

## 乡民庆吊赠遗

庆吊赠遗，凡四条，曰：

凡同约有吉事则庆之（冠子、生子、预荐、登科、进官之属，皆可贺，婚礼虽曰不贺，然《礼》亦曰“贺娶妻”者，盖但以物助其宾客之费而已），有凶事则吊之（丧葬、水火之类）。

每家只家长一人，与同约者俱往，其书问亦如之。若家长有故，或与所庆吊者不相接，则其次者当之。

曰：凡庆礼如常仪，有赠物（用币帛、酒食、果实之属，众议量力定数，多不过三五千，少至一二百。如情分厚薄不同，则从其厚薄）。或其家力有不足，则同约为之借助器用，及为营干。

凡吊礼，闻其初丧（闻葬同），未易服，则率同约者深衣而往哭吊之。凡吊尊者，则为首者致辞而礼拜。敌（同辈）以下则不拜。主人拜则答之，少者以下则扶之。不识生者则不吊，不识死者则不哭。且助其凡百经营之事。

主人既成服，则相率素巾、素襕衫、素带（皆用白生纱绢为之），具酒果食物而往奠之。死者是敌以上则拜而奠，以下则奠而不拜。主人不易服，则亦不易服。主人不哭，则亦不哭。情重则虽主人不变不哭，亦变而哭之。

赙礼用钱帛，众议其数，如庆礼。

及葬，又相率致赗（fèng）。俟发引，则素服而送之。赗如赙礼，或以酒食犒其役夫，及为之干事。及卒哭及小祥及大祥，皆常服吊之。

曰：凡丧家不可具酒食衣服以待吊客，吊客亦不可受。

曰：凡闻所知之丧，或远不能往，则遣使致奠，就外次，衣吊服，再拜，哭而送之。惟至亲笃友为然。过期年，则不可。情重，则哭其墓。

——〔北宋〕吕大钧《吕氏乡约》

## 思考与训练

1. 孔子说:“古者言之不出，耻躬之不逮也。”孔子还说:“古之学者为己，今之学者为人。”应该如何理解对“古”的称赞?是古人普遍比今人道德高、品行正、修养好，还是故意把一种心中向往而现实中难于实现的理想状态，寄托在古人身上，认为古人已经做到，以此来规范现实中的人?究竟是一种事实描述，还是一种言说策略?请跟身边师友讨论一番。

2. 乡规民约，久而成俗。它在国家治理、社会规范方面起到重要作用，是对礼和法的补充。副课文《乡民庆吊赠遗》节选自宋代《吕氏乡约》，它是吕大忠、吕大钧、吕大临、吕大防兄弟，结合乡村治理实践，为同宗乡民所撰写的规约文本，是庶民与士大夫共同制定的条文。细读原文，认真体会乡约与亲情、人情的内在联系。

# 第八课　我善养吾浩然之气

〔战国〕孟子

一个人要想担当治国平天下的大任，就必须“养勇”“养气”。所谓“我善养吾浩然之气”，就是善于将七情六欲等生命能量，组织到特定理想、特定目标中，使之凝聚成爆发性势能。

## 人物故事

孟子（约前 371—前 289）：名轲，字子舆，战国时期邹国（今山东邹城市）人。著名思想家、儒学家，儒家学说主要代表人物之一。孔子之孙孔伋的再传弟子，孔子学说的重要继承者和发展者，被后世称为“亚圣”。也曾如孔子那样周游列国，试图推行其仁政治国、贵民强国的政治思想，但是不被诸侯接受。晚年集中力量进行教育和著述，率学生共同写作《孟子》。他提出了“性善论”“良知良能”“养心”“浩然之气”“民贵君轻”“大孝”等一系列重要命题，在儒学史上具有举足轻重的地位。宋明以来，孟子的影响力不断增长，几与孔子并列。孔门儒学被称为“孔孟之道”。

告子：战国时期的哲学家。生卒年及生平事迹不详。他曾与墨子辩论政治问题，与孟子辩论人性问题。《墨子·公孟篇》和《孟子》中的《公孙丑》《告子》等篇保存了他的某些言论片段。后世对告子的了解，主要是通过《孟子》的记载。

## 主课文

公孙丑问曰："夫子加齐之卿相，得行道焉，虽由此霸王不异矣。如此，则动心否乎？"

孟子曰："否。我四十不动心。"

曰："若是，则夫子过孟贲[1]远矣。"

曰："是不难，告子先我不动心。"

曰："不动心有道乎？"

曰："有。北宫黝[2]之养勇也，不肤桡[3]，不目逃，思以一豪挫于人，若挞之于市朝。不受于褐[4]宽博，亦不受于万乘之君。视刺万乘之君，若刺褐夫。无严[5]诸侯。恶声至，必反之。孟施舍[6]之所养勇也，曰：'视不胜犹胜也。量敌而后进，虑胜而后会，是畏三军者也。舍岂能为必胜哉？能无惧而已矣。'孟施舍似曾子，北宫黝似子夏[7]。夫二子之勇，未知其孰贤，然而孟施舍守约也。昔者曾子谓子襄[8]曰：'子好勇乎？吾尝闻大勇于夫子矣：自反而不缩，虽褐宽博，吾不惴焉；自反而缩，虽千万人，吾往矣。'孟施舍之守气，又不如曾子之守约也。"

曰："敢问夫子之不动心，与告子之不动心，可得闻与？"

"告子曰：'不得于言，勿求于心；不得于心，勿求于气。'

不得于心，勿求于气，可；不得于言，勿求于心，不可。夫志，气之帅也；气，体之充也。夫志至焉，气次焉。故曰：‘持其志，无暴其气。’”

“既曰‘志[9]至焉，气次焉’，又曰‘持其志，无暴[10]其气’者，何也？”

曰：“志壹则动气，气壹则动志也。今夫蹶者趋者，是气也，而反动其心。”

“敢问夫子恶乎长？”

曰：“我知言，我善养吾浩然之气。”

“敢问何谓浩然之气？”

曰：“难言也。其为气也，至大至刚，以直养而无害，则塞于天地之间。其为气也，配义与道；无是，馁也。是集义所生者，非义袭而取之也。行有不慊[11]于心，则馁矣。我故曰，告子未尝知义，以其外之也。必有事焉而勿正，心勿忘，勿助长也。无若宋人然。宋人有闵其苗之不长而揠之者，芒芒然归。谓其人曰：‘今日病矣，予助苗长矣。’其子趋而往视之，苗则槁矣。天下之不助苗长者寡矣。以为无益而舍之者，不耘苗者也；助之长者，揠苗者也。非徒无益，而又害之。”

“何谓知言？”

曰：“诐[12]辞知其所蔽，淫辞知其所陷，邪辞知其所离，遁辞知其所穷。生于其心，害于其政；发于其政，害于其事。圣人复起，必从吾言矣。”

（选自《孟子·公孙丑上》）

## 注释

[1] 孟贲（bēn）：卫国人，当时著名的勇士。

[2] 北宫黝：齐国人，传说是一名刺客。

[3] 桡（náo）：同“挠”，屈服。

[4] 褐（hè）宽博：指穿粗布制的宽大衣服的人，即地位卑贱之人。

[5] 严：尊敬。

[6] 孟施舍：人名。传说是一勇士。

[7] 子夏：孔子弟子。姓卜名商，字子夏。后亦称卜子夏。春秋末晋国温人。小孔子 44 岁。

[8] 子襄：曾子的学生。

[9] 至：周密，周到。

[10] 暴：糟蹋，损害。

[11] 慊（qiè）：满足。

[12] 诐（bì）：偏颇，不正。

## 参考译文

公孙丑问道：“如果让您担任齐国卿相，能够实行您的主张了，由此而建立了王霸之业，也不必感到奇怪。如果这样，您动心不动心呢？”

孟子说：“不，我 40 岁起就不动心了。”

公孙丑说：“如果这样，老师就超过大勇士孟贲了。”

孟子说："这不难，告子在我之前就做到不动心了。"

公孙丑问："做到不动心有什么方法吗？"

孟子说："有。北宫黝这样培养勇气：肌肤被刺不退缩，双目被戳不转睛。受他人一丝一毫委屈，就像在大庭广众之下被人鞭打了一般；既不受平民百姓的羞辱，也不受大国君主的羞辱；若是行刺大国君主，跟行刺普通百姓没什么两样。对各国诸侯毫不畏惧，听到他人恶言，一定回击。孟施舍培养勇气的方法有所不同。他说：'没有取胜希望，也相信能够取胜；充分估量对方力量才进军，相信能够取胜再交战，这是畏惧强大的敌人。我孟施舍哪能做到必胜呢？只不过是能无所畏惧罢了。'孟施舍像曾子，北宫黝像子夏。这两人不知谁超过谁，孟施舍似乎更能把握要领。从前，曾子对子襄说：'你喜欢勇敢吗？我在孔子那里听过关于大勇的道理：反省自己而觉得理亏，那么即使对卑贱的百姓，我也不去恐吓；反省自己而觉得理直，纵然面对千万人，我也勇往直前。'孟施舍保持勇气，不如曾子能把握要领。"

公孙丑说："请问，您的不动心和告子的不动心，有什么异同，可以讲给我听听吗？"

"告子曾说：'假如不能在言语上取得胜利，就不必去求助于心志；假如不能在心志上取得胜利，就不必去求助于意气。'我认为，不能在心志上取得胜利，不必去求助于意气，这是可以的；不能在言语上取得胜利，不必去求助于心志，这不可以。心志是意气的主帅，意气是充满体内的。心志关注到哪里，意气就停留在哪里。所以说：‘要把握住心志，不要妄动意气。’”

公孙丑问：“既说‘心志关注到哪里，意气就停留在哪里’，又说‘要把握住心志，不要妄动意气’，这是为什么呢？”

孟子说：“心志专一就能调动意气，意气专一也能触动心志。譬如跌倒和奔跑，这是意气专注的结果，反过来也使他的心志受到触动。”

公孙丑说：“请问老师，您擅长哪方面？”

孟子说：“我能识别各种言论，我善于培养我的浩然之气。”

公孙丑问道：“请问什么叫浩然之气？”

孟子说：“难说清楚啊。它作为一种气，最为盛大，最为刚强，用正直去培养它而不伤害它，就会充塞天地之间。它作为一种气，要与义和道配合；无此，它就会萎缩。它是长久积累正义而产生的，不是偶然有过正义之举就能得到的。如果行为不义，有愧于心，气就萎缩了。因此我说，告子不懂义，他把义看作外在的东西。义是内在的东西，我们要好好培养它，但不要有特定目的；心里不能忘记它，也不妄自扩张它。不要像宋国人那样，宋国有个人担心他的禾苗不长，而去拔高它，拔高之后他昏昏沉沉回到家中，对家里人说：‘今天累坏了，我帮助禾苗长高啦！’他的儿子跑到田里去看，禾苗已经枯死了。天下不助苗生长的人实在很少啊。以为不需要集义养气而放弃的人，像是不给禾苗锄草的懒汉；妄自集义养气者，就像拔苗助长的人，非但没有好处，反而害了它。”

公孙丑问：“什么叫能识别各种言辞？”

孟子说："对于偏颇的言辞，知道它不全面的地方；对于过激的言辞，知道它陷入错误的地方；对于邪曲的言辞，知道它背离正道的地方；对于躲闪的言辞，知道它理屈词穷的地方。这四种言辞生于内心，会危害政治；如果把它们运用于治国，会危害各种国事。如果世上有圣人，一定会赞成我的意见。"

## 赏析与写作指导

### 生命能量需凝聚

本文涉及"行道""动心""养勇""守约""养气""知言"等一系列重大命题，在《孟子》全书和孟子的思想体系中，具有重要地位。习者初学要想尽得其意，的确不易。陶渊明说自己"好读书不求甚解"，并不是说不需要领会文意，而是说不要纠缠于细枝末节，重在把握文章大旨。本课大旨为何？鄙意以为，为凝聚。本编者提示习者抓住"养勇""养气"两个重点，因为此二者直接为"凝聚"服务。

一个年轻生命，虎虎有生气，七情六欲都很旺盛，其中包含着巨大能量。如果此人没有理想，没有目标，生命能量就会涣散，就会在功名利禄中日渐消耗而至于疲惫。如果此人有理想，有目标，这些能量就会围绕着理想和目标凝聚起来，形成强大的势能，滚滚向前，不可阻挡，最后成就大业，造福千秋万代，永垂宇宙八荒。

一个人的能量怎么才能凝聚起来呢？理想、目标当然是前提，是基础。但是实现理想和目标是个漫长的过程，需要持之以恒的奋斗，需要度过七七四十九道沟坎，克服八八六十四个危机，战胜九九八十一个劫难，其中任何一个环节没有把住自己，都可能折戟沉沙，灰飞烟灭。为了保证自己的理想一定实现，就需要“养气”“养勇”。

养什么气？养浩然之气也。《孟子》中有几句话特别得后世君子青睐，“舍我其谁”“万物皆备于我”“富贵不能淫，贫贱不能移”“天将降大任于斯人也”等，“我善养吾浩然之气”是其中特别响亮的一句。

什么是“浩然之气”？年轻时我曾独自去广州瞻仰黄花岗七十二烈士墓，远远看见孙中山先生手书的“浩气长存”四个大字，我立时热血奔涌，一下子明白了何为浩然之气。所谓浩然之气，就是将全部生命能量，组织到特定理想、特定目标上，所凝聚的爆发性势能。黄花岗烈士如此，雨花台烈士如此，抗联烈士如此，抗清抗元抗日抗英烈士无不如此。

这种势能一旦凝聚，它就顶天立地、攻坚克难、摧枯拉朽、开天辟地、扭转乾坤。有了浩然之气，革命家可以像女娲和悟空那样，抟泥为人，呵气成兵，让世界充满生机和力量；军事家可以像霍去病那样万马奔腾，杀敌卫国，消灭千年祸害，造就万世吉祥；圣人可以像孟子那样口含天宪，仁义昭彰，揭示尧舜大道，指引兆民方向；卿相可以像管仲萧何那样，稳执大舵，运筹帷幄，鞭策九州，实现强国佑民梦想；科学家可以像袁隆平那样，沉静专一，心无旁骛，日复一日地努力，点点滴滴地积累，一寸一寸地消灭全世界的饥荒；文学家可以像梁启超那样呼告神灵，振奋万民，让中华儿女抖擞精神，气吞八荒；成人可以无欲则刚，有志则光，正派为人，恭敬做事，把人生过得宁静安详；少年可以悬梁刺股，朝气蓬勃，才华熠熠，把圣人之学、先贤之光、百姓之望融汇于心，化作自己的万丈光芒。

浩然之气的话题，是由孟门弟子公孙丑提问引起的，他说如果让孟子突然荣登相位，执掌国政，是否感到胆怯。孟子说我早就胸有成竹，无所畏惧（不动心），哪里还有什么胆怯呢。公孙丑进一步追问，孟子才郑重讨论起“养勇”“养气”问题。

“养气”需以“养勇”为基础，就像少年进入社会闪亮登场之前，需要发奋学习、博学多识一样。对少年来说，“养勇”的过程，就是十年寒窗的过程。所谓“养勇”，就是磨砺意志、积累知识和经验。如果少年人能够以坚强意志“养勇”十年，那就可以拔地而起，担当大任。如果少年人慵懒疲沓地度过十年寒窗，七情六欲的生命能量，就只能涣散为吃喝玩乐的低级趣味，而不能凝聚为担当大任、开天辟地的势能。

这篇课文，最易于激发少年人的能量与豪气。如果习者觉得孟子之文深奥难懂，不妨与2000多年后另一位哲人梁启超的《少年中国说》参照研读。梁启超说:“使举国之少年而果为少年也，则吾中国为未来之国，其进步未可量也。使举国之少年而亦为老大也，则吾中国为过去之国，其澌亡可翘足而待也。故今日之责任，不在他人，而全在我少年。少年智则国智，少年富则国富；少年强则国强，少年独立则国独立；少年自由则国自由；少年进步则国进步；少年胜于欧洲，则国胜于欧洲；少年雄于地球，则国雄于地球。红日初升，其道大光。河出伏流，一泻汪洋。潜龙腾渊，鳞爪飞扬。乳虎啸谷，百兽震惶。鹰隼试翼，风尘翕张。奇花初胎，矞矞皇皇。干将发硎，有作其芒。天戴其苍，地履其黄。纵有千古，横有八荒。前途似海，来日方长。美哉我少年中国，与天不老！壮哉我中国少年，与国无疆！”

《少年中国说》就是浩然之气的凝聚与体现。

**延伸知识**

## 朱昭报国存浩气

华夏多烈士，浩气荡人间，光彩辉日月，鲜血沃河山。很多时候，浩气能够震撼人心，是靠鲜血将其表现出来。鲜血既是浩气的结果，也是浩气的滋养。文天祥如此，朱昭也是如此。

朱昭，北宋时期军官，府谷（今陕西北部）人。宋徽宗时期驻守震威城（今陕西境内），兼理行政。当时金兵大规模进犯宋朝，西夏人趁机进攻宋朝所辖陕西北部地区。震威城由此遭遇西夏军的包围。

当时宋徽宗沉溺于书画奇石，无心治国，任由奸臣祸国殃民，国家迅速衰落，无力抵挡强敌入侵。震威城又是个不起眼的小角落，防守兵力极少，也无法得到援军解救，只能靠临时招募兵勇抗敌。朱昭一开始就知道凶多吉少，决意以命相搏。

他对 1000 多名士兵说：“敌人知道我们这里是一座小城，守军很少，根本不把我们放在眼里。如果我们能出其不意，攻其不备，也许能够打败他们。”他趁夜率军出城，偷袭西夏军营寨，城上军民也一起鼓噪，威慑敌军。他们果然斩杀了大量敌军。

但是西夏军人多势众，第二天架梯攻城，飞矢如雨。守军人少，不足以抵挡。朱昭动员全城老幼，帮助守城，可是依然抵挡不住强敌的持续猛攻。经过四天四夜的激战，城墙多处崩坏，守城军民死伤甚多。朱昭想尽各种计谋，终因军力太弱，无法打退西夏军的进攻。

朱昭把手下干将带到公堂议事，对他们说：“城墙马上要被攻破，我们尽忠报国的时机到了，已经没法保护自己的妻子儿女了。为了不让妻子儿女被俘受辱，只好先送他们登天。我们没有拖累，勇猛巷战，或许还有机会突围。突围不成，就流尽最后一滴血吧。”大家沉默不语。此时他的两个儿子来此玩耍，朱昭挥剑杀死幼子。长子惊讶地看着他，他又挥剑杀死长子。随后他率领士卒屠尽家中老小，把所有遗体投入井中。这时部将贾宗望的母亲正好来到跟前，朱昭沉痛地对她说：“老人家，我和宗望都不忍心对您下手，您自己跳井吧。”老人家知道时势如此，立即跳井。大家随后填土实井。其他将士也纷纷将家属杀光。朱昭说：“咱们都没拖累了，登城死战吧。”

城中间谍对西夏军说：“朱昭和将士都杀尽家属，一心拼命死战。”西夏军知道面对死士，难于强攻，于是重金买通守军奸细，于黄昏登城而入。

朱昭组织残军进行巷战，从黄昏一直打到天亮，满街满巷都是尸体。朱昭骑马从破城逃出，马跌入城壕。敌军一片欢呼，说终于能抓到朱将军了。朱昭挥剑迎敌，敌军万箭齐发，朱昭最终倒在血泊中。华夏浩气乃以鲜血为滋养也。

宋徽宗为首的统治集团，逞意谋私，无心治国，葬送华夏河山。朱昭等大量血性军人，却迸发出浩气豪情，在用全家鲜血，捍卫江山社稷，因为于他们而言，国家并非皇室一族私产，乃是华夏万民家园。

**副课文**

## 落叶但敲门扇

结庐松竹之间，闲云封户；徙倚青林之下，花瓣沾衣。芳草盈阶，茶烟几缕；春光满眼，黄鸟一声。此时可以诗，可以画，而正恐诗不尽言，画不尽意。而高人韵士，能以片言数语尽之者，则谓之诗可，谓之画可，谓高人韵士之诗画亦无不可。

花关曲折，云来不认湾头；草径幽深，落叶但敲门扇。

细草微风，两岸晚山迎短桌；垂杨残月，一江春水送行舟。

草色伴河桥，锦缆晓牵三竺雨；花阴连野寺，布帆晴挂六桥烟。

闲步畎亩间，垂柳飘风，新秧翻浪；耕夫荷农器，长歌相应；牧童稚子，倒骑牛背，短笛无腔，吹之不休，大有野趣。

夜阑人静，携一童立于清溪之畔，孤鹤忽唳，鱼跃有声，清入肌骨。

垂柳小桥，纸窗竹屋，焚香燕坐，手握道书一卷。客来则寻常茶具，本色清言，日暮乃归，不知马蹄为何物。

清晨林鸟争鸣，唤醒一枕春梦。独黄鹂百舌，抑扬高下，最可人意。

高峰入云，清流见底。两岸石壁，五色交辉，青林翠竹，四时俱备，晓雾将歇，猿鸟乱鸣；日夕欲颓，池鳞竞跃，实欲界之仙都。自唐乐以来，未有能与其奇者。

——〔明〕陆绍珩《小窗幽记·集景》

## 思考与训练

1. 孟子说：“我四十不动心”，“不动心”是什么意思？公孙丑为什么担心孟子“动心”？

2. 孟子说：“北宫黝之养勇也，不肤桡，不目逃，思以一豪挫于人，若挞之于市朝。”北宫黝之“养勇”，跟孟子的“不动心”，是一个层面的问题吗？

3. 孟子提出北宫黝养勇之法，是为自己说的还是为公孙丑等弟子说的？为什么？

# 第九课 率兽而食人

〔战国〕孟子

孟子认为，只有他所推行的王道，才能给老百姓带来温饱和幸福；在梁惠王等君王的霸道统治模式中，君王再怎么关心百姓，百姓也还是难免饥馁冻饿。所以，霸道意味着率兽而食人。

## 人物故事

魏惠王（前 400—前 319）：姬姓，魏氏，名罃（yīng），又称梁惠王。他是魏武侯之子，魏文侯之孙，是魏国第三代国君。在位时期为前 370—前 319 年。魏惠王由安邑（今山西夏县）迁都大梁（今河南开封）后，魏国亦称梁国。故《孟子》一书称其为梁惠王。他在位 50 年，甚有作为。迁都大梁、兴修汴河、开通鸿沟、屡败强秦、破邯郸、威服赵韩，都是大功业。前 334 年，他和齐威王在徐州（今山东滕州）会盟，互相承认对方为王，史称“徐州相王”。《孟子》中，出场最多的君王是齐宣王和梁惠王。

## 主课文

三

梁惠王曰："寡人之于国也，尽心焉耳矣[1]。河内[2]凶[3]，则移其民于河东[4]，移其粟于河内。河东凶亦然。察邻国之政，无如[5]寡人之用心者。邻国之民不加少[6]，寡人之民不加多，何也？"

孟子对曰："王好战，请以战喻。填[7]然鼓之[8]，兵刃既接[9]，弃甲曳兵[10]而走[11]。或百步而后止，或五十步而后止。以五十步笑百步，则何如？"

曰："不可，直[12]不百步耳，是[13]亦走也。"

曰："王如知此，则无[14]望民之多于邻国也。不违农时[15]，谷不可胜食也；数罟[16]不入洿池，鱼鳖[17]不可胜食也；斧斤[18]以时[19]入山林，材木不可胜用也。谷与鱼鳖不可胜食，材木不可胜用，是使民养生[20]丧死[21]无憾也。养生丧死无憾，王道[22]之始也。

五亩[23]之宅，树[24]之以桑，五十者可以衣帛[25]矣；鸡豚[26]狗彘[27]之畜[28]，无失其时，七十者可以食肉矣；百亩之田，勿夺其时[29]，数口之家可以无饥矣；谨[30]庠序[31]之教[32]，申[33]之以孝悌[34]之义[35]，颁白[36]者不负戴[37]于道路矣。七十者衣帛食肉，黎民[38]不饥不寒，然而不王[39]者，未之有[40]也。

狗彘食人食[41]而不知检[42]，涂[43]有饿莩[44]而不知发[45]；人死，则曰：'非我也，岁也。'是何异于刺人而杀之，曰：'非我也，兵也。’王无罪[46]岁，斯[47]天下之民至焉。”

四

梁惠王曰：“寡人愿安承教。”

孟子对曰：“杀人以梃与刃[48]，有以异乎[49]？”曰：“无以异也。”“以刃与政[50]，有以异乎？”曰：“无以异也。”

曰：“庖[51]有肥肉，厩[52]有肥马，民有饥色，野有饿莩，此率[53]兽而食人也。兽相食，且人恶之[54]。为民父母[55]，行政不免于率兽而食人。恶在其为民父母也[56]？仲尼曰：‘始作俑者，其无后乎！’[57]为其象人[58]而用之也。如之何其使斯民饥而死也？”

（选自《孟子·梁惠王上》）

**注释**

［1］焉耳矣：“焉”“耳”“矣”都是句末助词，重叠使用，加重语气。

［2］河内：今河南境内黄河以北的地方。古人以中原地区为中心，所以黄河以北称河内，黄河以南称河外。

［3］凶：谷物收成不好的年头，即荒年。

［4］河东：黄河以东的地方。在今山西西南部。黄河流经山西境内，自北而南，故称山西境内黄河以东的地区为河东。

［5］无如：没有像。

［6］加少：更少。下文“加多”，更多。加，副词，更，再。

［7］填：拟声词，模拟鼓声。

［8］鼓之：敲起鼓来，发动进攻。古人打仗时击鼓进攻，鸣锣退兵。鼓，动词。之，无实义。

［9］兵刃既接：两军的兵器已经接触，指战斗已经开始。兵，兵器、武器。既，已经。接，接触，交锋。

［10］弃甲曳（yè）兵：抛弃铠甲，拖着兵器。曳，拖着。

［11］走：跑，这里指逃跑。

［12］直：只是，不过。

［13］是：代词，这，指代上文“五十步而后止”。

［14］无：同“毋”，不要。

［15］不违农时：不违背农时。指农忙时不要征调百姓服役。违，违背，违反。农时，指适合耕种、收获的时节。

［16］数（cù）罟（gǔ）不入洿（wū）池：孔小的渔网不用于深池，以免捕尽小鱼，破坏鱼的生长繁殖。古时规定，网眼在四寸（合现在二寸七分多）以下的为密网，禁止下池沼内捕鱼。数，密。罟，网。洿，深。

［17］鳖（biē）：甲鱼或团鱼。

［18］斤：与斧相似，比斧小而刃横。

［19］时：时令季节。砍伐树木宜于在草木凋落、生长季节过后的秋冬时节进行。

［20］养生：供养活着的人。

［21］丧死：为死者办丧事。

［22］王道：以仁义治天下，这是儒家的政治主张。与当时诸侯奉行的以武力统一天下的“霸道”相对。

［23］五亩：先秦时五亩约合今一亩二分多。百亩则约相当于今二十五亩。

［24］树：种植。

［25］衣帛：穿上丝织品的衣服。衣，用作动词，穿。

［26］豚（tún）：小猪。

［27］彘（zhì）：猪。

［28］畜（xù）：畜养，饲养。

［29］勿夺其时：不要违背农业生产的时令。夺，失，违背。

［30］谨：谨慎，认真从事。

［31］庠（xiáng）序：古代的乡学。

［32］教：教化。

［33］申：反复陈述。

［34］孝悌（tì）：敬爱父母和兄长。

［35］义：道理。

［36］颁白：头发花白。颁，同“斑”。

［37］负戴：负，背负着东西。戴，头顶着东西。

［38］黎民：百姓。

［39］王：这里用作动词，称王，也就是使天下百姓归顺。

［40］未之有：未有之。之，指代“七十者衣帛食肉，黎民不饥不寒，然而不王者”。

［41］食人食：前一个“食”，动词，吃；后一个“食”，名

词，指食物。

[42] 检：检点，制止，约束。

[43] 涂：同“途”，道路。

[44] 饿莩（piǎo）：饿死的人。莩，同“殍”，饿死的人。

[45] 发：指打开粮仓，赈济百姓。

[46] 罪：归咎，归罪。

[47] 斯：则，那么。

[48] 以梃(tǐng)与刃：用棍和刀。以，用。梃，棍棒。刃，刀。

[49] 有以异乎：有什么不同吗？以，助词。

[50] 政：行政手段。

[51] 庖（páo）：厨房。

[52] 厩（jiù）：马圈。

[53] 率：带领。

[54] 兽相食，且人恶(wù)之：虎狼食禽兽，人尚且憎恶。且，尚且。恶，憎恶。之，指兽相食这件事。

[55] 为民父母：做百姓的父母。古人认为，百姓是王侯的子民，王侯要抚养百姓。

[56] 恶（wū）在其为民父母也：哪里还能做百姓的父母呢？恶在，何在。恶，疑问代词，哪里。

[57] 始作俑者，其无后乎：第一个制作偶人来陪葬的人，该不会有后代吧。作，制作。俑，陪葬用的偶人。用陶或木做成。后，后代。

[58] 为其象人：因为那些偶人像人。其，指偶人。象，好像。

## 参考译文

三

梁惠王说：“我对于国家，算是尽力为之。黄河以北遭遇荒年，就把百姓迁移到黄河以东，把黄河以东的粮食运送到黄河以北；黄河以东遭遇荒年也是这样。看看邻国君王治国，没有像我这样用心的。但邻国的百姓并不更少，我的百姓并不更多，为什么呢？”

孟子回答说：“大王爱打仗，我就用打仗比喻。咚咚地击鼓进军，刀锋已经相交，有人扔掉盔甲拖着兵器逃跑。有的人跑了一百步停下，有的人跑了五十步停下。跑了五十步的，却嘲笑他人跑了一百步，您以为如何呢？”

梁惠王说：“不可以。只不过没有跑到一百步，毕竟也是逃跑呀！”

孟子说：“大王懂得此理，就不必去期望您的民众比邻国增多啦。不违背农时（农忙时不要征调百姓服役），粮食就吃不完。密网不进池塘捕鱼，鱼鳖就吃不完。按季节砍伐树木，木材就用不完。粮食和鱼鳖吃不完，木材用不完，百姓就有财力供养活人埋葬死者。百姓有财力供养活人埋葬死者，对国家没有什么不满，王道就降临于世了。

“在五亩大的宅院旁，种上桑树，50 岁就可以穿上丝织品了。畜养鸡、猪、狗等家禽家畜，别错过繁殖时节，70 岁就可以吃肉了。百亩耕地，不要干扰其生产季节，数口之家就不会挨饿了。认真兴办学校教育，反复强调孝敬父母和尊长的道理，头发花白的老人就不会背负着东西奔走在道路上了。70 岁能穿丝吃肉，普通百姓饿不着、冻不着，能行此大道，却不能称王天下，这是不可能的事。

“如今在咱们梁国，猪狗吃人的食物，权贵们却不加制止，路旁到处是饿死者的尸体，官府却不肯开仓赈济灾民。老百姓死了，有司就说：‘这不是我的罪过，是年成不好所致。’这种说法，跟拿着刀子杀人，却说‘杀人的不是我，是刀子’有什么区别？大王不要怪罪年成，要自己承担责任，天下各国的百姓都会前来归顺的。”

## 四

梁惠王对孟子说：“我乐于听取您的指教。”

孟子回答道：“用木棍打死人，跟用刀子杀死人，性质有什么不同吗？”

梁惠王说：“没什么不同。”

孟子又问道：“用刀子杀死人，跟用苛政害死人，有什么不同吗？”

梁惠王说：“没有什么不同。”

孟子说：“大王啊，在咱们梁国，厨房里有肥嫩的肉，马棚里有壮实的马，可是老百姓却面带饥色，荒野有饿死者的尸体。这如同带着野兽来吃人啊！野兽自相残食，人们尚且厌恶，而身为百姓的父母官，执政治国竟然是率领野兽来吃人，这哪里算是百姓的父母官呢？孔子说过：‘最初造出木俑土偶陪葬的人，该会断子绝孙吧！’这是因为木俑土偶太像人的样子，却用来殉葬。对木俑土偶尚且不可如此残忍，对待老百姓，又怎么忍心让他们饿死呢？”

## 赏析与写作指导

### 人民苦难与权贵享乐的内在联系

在《孟子·离娄上》十四章中，孟子指出：“争地以战，杀人盈野；争城以战，杀人盈城。此所谓率土地而食人肉，罪不容于死。”他将诸侯各国的好战谋利，总结为“率土地而食人肉”。他义愤填膺地说，即使判处死刑，也无法抵消这些发动战争之人的大罪。

在本课中，孟子更为猛烈地批评诸侯权贵，善待禽兽，虐待民众，即使遍野饿殍，也不肯开仓救灾，拯民于水火。这种视民为草芥、视民为战争工具的政治思想，使孟子忍无可忍，即使面对颇有作为的梁惠王，他也禁不住谴责其“率兽而食人”的罪过。

梁惠王的确是个有为之君。“寡人之于国也，尽心焉耳矣。河内凶，则移其民于河东，移其粟于河内。河东凶亦然。察邻国之政，无如寡人之用心者。”这番自我表白，孟子未予反驳，可见孟子默认其为事实。可是孟子依然要严厉批评梁惠王的政治思维，因为他的作为均是围绕霸道行之，跟孟子理想中的王道差异甚大，甚至颇为对立。霸道的理想是无限制地攻城略地，强国称霸，老百姓只是帮助其实现称霸目标的战争工具和纳粮机器。王道呢，则是以老百姓的安居乐业和幸福生活作为理想目标，国家机器是用来保护老百姓实现这些生活理想的。究竟什么是王道呢？孟子说：老百姓“养生丧死无憾，王道之始也”。

整本《孟子》，许多章节反反复复表述着这样的理想：“五亩之宅，树之以桑，五十者可以衣帛矣；鸡豚狗彘之畜，无失其时，七十者可以食肉矣；百亩之田，勿夺其时，数口之家可以无饥矣；谨庠序之教，申之以孝悌之义，颁白者不负戴于道路矣。七十者衣帛食肉，黎民不饥不寒，然而不王者，未之有也。”

可是，天下列侯没有一个听得进孟子的道理，他们一味热衷于强国称霸，对人民的态度一个比一个恶劣。孟子对人民的同情越是深厚，对统治者的愤恨就越是强烈。当他批评梁惠王“率兽而食人”时，所针对者，并非梁惠王一个，乃是天下所有君王。这是对战国时期各国统治者政治作为的否定，也是对他们道德体系的批判。

“庖有肥肉，厩有肥马，民有饥色，野有饿莩，此率兽而食人也。”简单的几句话，深刻揭示了人民的苦难与权贵享乐的内在联系。如此杰出的洞察力，得益于孟子对人民命运无以复加的关怀。孟子作为一个周游列国、名满天下、位同大夫的士人，如此坚定地站在人民一边，与风靡天下的以权贵利益为核心的政治思想和政治现实，终生进行着毫不妥协的、不怕牺牲的殊死搏斗，他不但是人民的代言人，也是人民的良心。

这样的士大夫，历史上为数不多。后人将孔孟并提，孟子确实当之无愧。

延伸知识

## 俑与陪葬、殉葬

“始作俑者，其无后乎？”在汉语中颇为流行，已为成语。俑，乃是用木头或泥土雕塑成的人体偶像，用作陪葬器物。

陪葬，是一种源远流长的文化现象，是指以器物、牲畜或人、俑随同死者葬入墓穴的特定位置，以保证死者亡魂在另一个世界的福禄。另外，在大人物墓地留出空间，供其妻妾、僚属死后入葬，是常见的陪葬现象。霍去病死在汉武帝之前，汉武帝特定将其安葬在自己的墓地，也是一种陪葬。

有一种特殊的陪葬，是杀人或畜随同死者一起埋葬，此为殉葬。殉葬者有亲人（妻妾）、敌人（如战俘、奴隶）、仆从等。在这种文化语境中，殉葬并不都是被迫的，颇有以给主人陪葬为骄傲、为归宿者。

中国历史上杀人殉葬，盛行于商朝。周统一天下之后，废除了这种制度，改用草扎的人畜代替殉葬。后来，人们觉得草偶太简约，不足以保证死者在冥间的福禄，于是用木头或泥土制作精细的人体俑偶作为随葬品。孔子时代，大约刚刚兴起这种俑偶陪葬的习俗，所以他不能接受，认为是件大逆不道之事，以诅咒语气说：“始作俑者，其无后乎？”骂人家断子绝孙。

孔子为什么不能接受人俑陪葬，原因大约有两个：一是人俑面目精细，让人联想到人体本身，这是对人的不恭；二是担心由人俑陪葬发展为活人殉葬，导致残酷的殉葬习俗定型为制度。主要可能是因为第二点，他才那样雷霆大怒。

如此严厉的诅咒，应该是针对晚近人物的，因为对几千年前的古人没必要火气冲天。可是，以草偶和陶俑代替活人陪葬，体现了历史的巨大进步，孔子为什么还要骂人家断子绝孙呢？看来，孔子很可能不知道商代时期奉行活人殉葬，没有体会到以草偶和陶俑取而代之的良苦用心。他只担心此种草偶和陶俑陪葬的习俗，会逐步发展为活人殉葬，才深感忧虑，才这样爆发雷霆之怒，坚决批判之。

孔子诅咒“始作俑者，其无后乎”的言论，不见于《论语》《孔子家语》《礼记》等书，仅见于《孟子·梁惠王上》。也许孔子本来知道，俑偶陪葬是对活人殉葬的取代，未曾发表批评。孟子离孔子已远，离商代尤远，无从知道活人殉葬的历史和俑偶代葬的进步意义，才故意借孔圣人的权威，诅咒陶俑陪葬现象。

**副课文**

## 门通杨柳渔家

曲径烟深，路接杏花酒舍；澄江日落，门通杨柳渔家。

风晨月夕，客去后，蒲团可以双跏；烟岛云林，兴来时，竹杖何妨独往。

三径竹间，日华澹澹，固野客之良辰；一编窗下，风雨潇潇，亦幽人之好景。

乔松十数株，修竹千余竿；青萝为墙垣，白石为鸟道；流水周于舍下，飞泉落于檐间；绿柳白莲，罗生池砌。时居其中，无不快心。

中庭蕙草销雪，小苑梨花梦云。

以江湖相期，烟霞相许；付同心之雅会，托意气之良游。或闭户读书，累月不出；或登山玩水，竟日忘归。斯贤达之素交，盖千秋之一遇。

庭前幽花时发，披览既倦，每啜茗对之。香色撩人，吟思忽起，遂歌一古诗，以适清兴。

几分春色，全凭狂花疏柳安排；一派秋容，总是红蓼白苹妆点。

南湖水落，妆台之明月犹悬；西郭烟销，绣榻之彩云不散。

秋竹沙中淡，寒山寺里深。

春山艳冶如笑，夏山苍翠如滴，秋山明净如妆，冬山惨淡如睡。

山房置古琴一张，质虽非紫琼绿玉，响不在焦尾号钟，置之石床，快作数弄。深山无人，水流花开，清绝冷绝。

山居有四法：树无行次，石无位置，屋无宏肆，心无机事。

——〔明〕陆绍珩《小窗幽记·集景》

## 思考与训练

1. 本课所主张的王道世界，很重视教育，所谓“谨庠序之教”。可是，教育内容仅列了“申之以孝悌之义”一条，为什么？如果你现在创建一所学校，应该设计什么样的教育内容？请仔细想想，在纸上写下来。

______

______

______

2. 副课文《门通杨柳渔家》云：“树无行次，石无位置，屋无宏肆，心无机事。”请用白话文描述出这几句话所营造的画面；设想一下，如果用中国画表现其意，应该如何构图？有兴趣者不妨试着画出来。

______

______

______

# 第十课 我以不贪为宝

〔春秋〕左丘明

本文以拒收贵重礼品的故事，塑造了一个清廉高官的形象。“我以不贪为宝”，乃是值得世世代代流传的金玉良言。

## 人物故事

左丘明（约前502—约前422）：本名丘明，其先祖曾任楚国左史官，故称左丘明。鲁国太史，春秋末期著名史学家、思想家，著有《春秋左氏传》《国语》。据传左丘明曾与孔子一起赴周，研究过周王史书，故熟悉诸国史事，能理解孔子思想。《左传》记录了春秋时期各国的大量史料，厥功至伟。本附骥于《春秋》而流传，后逐渐晋升为经书，跟《论语》《孟子》《礼记》一样跻身于十三经之列。司马迁以“左丘失明，厥有《国语》”鼓励自己忍辱负重著《史记》。

子罕：子姓，乐氏，名乐喜，字子罕。春秋时期宋国（今河南商丘一带）人，宋国贤臣。在宋平公（前575—前532年在位）时任司城，位列六卿。司城即司空，因避宋武公名司空讳，改名为“司城”。主管建筑工程，车服器械制造，监督手工业奴隶。又称司城子罕。

## 主课文

宋人或得玉，献诸子罕。子罕弗受。

献玉者曰：“以示玉人[1]，玉人以为宝也，故敢献之。”

子罕曰：“我以不贪为宝，尔以玉为宝，若以与我，皆丧宝也。不若人有其宝。”

稽首而告曰：“小人怀璧，不可以越乡[2]。纳此以请死[3]也。”

子罕置诸其里，使玉人为之攻之[4]，富而后使复其所[5]。

（选自《左传·襄公十五年》）

## 注释

[1] 玉人：加工玉器的技工。

[2] 越乡：走出乡里。暗示怀玉而遭劫。

[3] 纳此以请死：献出宝玉以图保命免死。

[4] 攻之：加工成工艺品。

[5] 富而后使复其所：卖掉玉器，获得钱财，然后回归其乡里。

## 参考译文

宋国某人得到一块玉石，拿来送给司城子罕。司城子罕不肯接受。

送玉者说："我拿去请玉工鉴定过，是极其宝贵的上等好玉，才敢拿来献给您。"

子罕说："不是认为玉不好，而是因为我有一个原则，决不能贪恋钱财宝物。我以廉洁为宝，你以玉为宝。如果你把玉送给我，你我都失去宝物。不如你我各怀其宝。"

送玉者稽首跪拜，坦诚相告："小人拿着这块玉，路上一定会被强盗谋财害命。您收下它，等于为我保命。"

子罕把送玉者安置在自己的里巷住下，请玉工把这块玉石打造成工艺品，拿到市场上卖掉。送玉者因此成为富人，可以安然地回到家乡，而不用担心遭人打劫了。

## 赏析与写作指导

### 廉政教育：我以不贪为宝

这篇文章以对话构成，对话极其简洁，但是准确表现了一个高官对清廉名节的坚守。

高官子罕拒收贿赂的理由，是以格言方式表述的："我以不贪为宝，尔以玉为宝，若以与我，皆丧宝也。不若人有其宝。"百字短文，有此一句格言，足使通篇生辉。

子罕表现了一个高官应有的操守。自古以来，所有君王和百姓都希望官员廉洁奉公，有的君王甚至不惜重刑治理贪赃枉法。可是庞大的官僚队伍，要想人人清廉，谈何容易。官员贪污谋私，以权暴富，是国家治理中永恒的难题。

“我以不贪为宝”，足可成为清廉教育的口号。

**延伸知识**

## 古人的姓和氏

本文主人公子罕，子姓，乐氏，名乐喜，字子罕。又是姓又是氏，又是名又是字，让今日读者感到一头雾水：为什么如此复杂？这里介绍一下远古时期姓与氏的区别。

姓，是母系时代的氏族标志，同一氏族的人有共同的血缘关系。每隔五代，老氏族要分出新的氏族。新氏族与老氏族依然具有血缘关系。有共同的血缘关系的人，必须打上相同的印记，以与其他氏族相区别。远古姓多带有女字旁，可为旁证。如姬、姜、嬴、姚、妫、姒、娲、婢、妊、妃、好等。

姓有两个重要作用。第一是便于别亲疏。同姓者亲，异姓者疏。在生存竞争过程中，对不同亲疏的人需要不同对待。第二是别婚姻。只有不同姓的人才可以通婚。有共同血缘关系的人，不可通婚，以免造成后代弱智、残疾等。这个禁忌，直到民国时期还遵守得比较严格。东汉班固指出：姓用以“崇恩爱，厚亲亲，远禽兽，别婚姻也。故纪世别类，使生相爱，死相哀，同姓不得相娶者，皆为重人伦也”。即是此意。

氏是家族的标志。进入男系社会之后，以男性为中心建立家族组织，成为政治经济集团，宗法制度逐步成型。所以不同家族拥有不同氏。看商周时期留下的文献，中国人的姓为数不多，而且相对固定，不可变更。氏则特别多，而且极不稳定，随时可以变化。一个男人分封在赵，即是赵氏，分封在魏，即是魏氏。魏氏的儿子担任司马，就成了司马氏。赵氏的儿子担任司徒，就成了司徒氏。还有以祖先名字为氏的，情况极其纷繁复杂。

秦汉时期，姓和氏的区分，不像战国以前那么严格了。这时国人的活动范围十分辽阔，每种姓的人口数量都十分庞大，与始祖的代际差距也越来越远，同姓近亲通婚的可能性越来越小。姓的作用逐渐减弱。以男性为中心的宗法制度越来越完整，于是氏的作用越来越突出。战国时期的文献，更多关注的是人们的氏而不是姓。

到了司马迁写作《史记》的西汉初期，人们已经不太关心姓和氏的区别。司马迁说孔子姓孔氏，秦始皇姓赵氏，汉高祖姓刘氏，这都是姓氏不分的错误表述。这表明汉朝人觉得已经没有必要强调姓氏的区别。

到了今天，姓氏只保留一种，一般都是氏，不再追究姓，但都误把氏当作姓。今天流行的“姓名”一词，改为“氏名”则更为准确。已经用惯了，也就只好将错就错了。

## 陕西新现秦玺

弘治十三年，陕西都御史熊翀（chōng）等遣人献玉玺。一云鄠（hù）县（今作户县）民毛志学等于赵伦村泥河水滨所得。其文曰“受命于天，既寿永昌”。玉色纯白，微青，背有螭(chī)纽。周广一尺四寸，厚二寸。翀等以为此秦玺复出也。

事下礼部，尚书傅瀚等覆：

“自有秦玺以来，历代得丧、存毁、真赝之迹，具载史籍。今所进玺，其篆刻之文，既与《辍耕录》等书模载鱼鸟篆文不同，其螭纽又与史传等书所记文盘五龙，螭缺一角，及旁刻魏隶者不类，且又与宋、元所得之玺色各不同。

“盖秦之旧玺，更历变故，亡毁已久。今陕西所进，与昔宋、元所得，疑皆后世模仿秦玺而刻之者。窃惟玺之为用，以识文书，防诈伪，非以为宝玩也。自秦始皇得蓝田玉，刻为玺，汉以后传用之。自是转相因袭，巧争力取，意谓得此玺者乃足以受天之命，否则歉然愧耻，以为天命去之。不知受命以德，不以玺为轻重也。故求不得，则私为刻造，务以欺人。一或得之，辄哗然以为秦玺，君臣色喜。交庆遍祀，以夸示天下，贻笑取讥，千载一律。

“洪惟我太祖高皇帝神谟睿鉴，高出千古，不师前代之刻，制为一代之玺。文必有义，随事而施，真足以为圣子神孙一代受命之符，而垂法万世者矣。列圣相承，率由祖训。百余年来，别无古玺。而受命永昌之福，愈隆愈盛。皇上大德懋昭（褒美显扬），天命匪懈，圣躬万福，宗社奠安，正无俟玺而得天之眷（眷顾福佑），有足征者。

“今此玺出于陕地，乃遂以为天锡圣符，交献愉悦，盖不自知其非耳。宜姑藏之内府，以备展玩，以彰圣德，以正人心。臣等不胜至愿。”

上从之，仍命薄赏志学等白银五两。

——〔明〕朱国祯《涌幢小品·卷二》，本文原名《旧玺》

## 思考与训练

1. 春秋时代，子罕拒收宝玉之举，有名还是无名？为什么？

2. 春秋时代，像子罕这么清廉的大官，少见还是常见？为什么？

## 思考与训练

3. 古代统治者都重视权力的象征物，比如九鼎、玉玺。明代大臣傅瀚等提出了不一样的看法："皇上大德懋昭，天命匪懈，圣躬万福，宗社奠安，正无俟玺而得天之眷，有足征者。"意思是圣德天眷重于鼎玺，所以他们建议把古代玉玺当作工艺品收藏赏玩。你认为傅瀚的意见正确还是错误？

________________________________________

________________________________________

________________________________________

# 史部

# 第十一课 古公迁国

〔西汉〕司马迁

题解

古公面对戎狄的袭扰掠夺，不想牺牲人民生命与之争战，而是迁国避其锋芒，此举博得人民的拥戴与归附，他反而获得更多的人民。古公“有民立君，将以利之”的政治观，对后世影响很深。

## 人物故事

司马迁（前 145—？）：字子长，西汉史学家、文学家、思想家。汉武帝时期先后任郎中、太史令、中书令。在朝堂为李陵兵败投降匈奴仗义辩解，被汉武帝判死刑。司马迁为了继承父亲司马谈的遗志，决意完成巨著《史记》，乃要求以宫刑取代死刑，忍辱负重活了下来。他把一生的抱负、屈辱、探索，跟中华民族 3000 年的奋斗、厮杀、建树融为一体，写出了中国第一部纪传体通史著作《史记》。司马迁是西汉前期百科全书式的大学者，《史记》是华夏几千年文明成就的结晶，它在史学史、文学史、思想史上，都具有举足轻重的地位。

古公亶（dǎn）父：姬姓，名亶，又称周太王（大王），生活于殷商统治末期，周族领袖，生卒年不详。周文王的祖父，周王朝的奠基人。据说他是黄帝第16世孙，周祖后稷的第12世孙。周族发展史上，有五代巨人，贡献至巨：后稷、公刘、古公、文王、武王。古公恰好是承先启后的关键人物。他避开戎狄的掠夺，迁国于岐山周原，实行永久性定居，致力于农业生产，为周族的强大奠定了经济基础和地缘基础。他是中国历史上杰出的政治家，著名的贤王。

## 主课文

古公亶父复修后稷、公刘[1]之业，积德行义，国人皆戴之。薰育[2]戎狄[3]攻之，欲得财物，予之。已复攻[4]，欲得地与民。民皆怒，欲战。古公曰："有民立君，将以利之[5]。今戎狄所为攻战，以吾地与民。民之在我，与其在彼，何异？民欲以我故战，杀人父子[6]而君之，予不忍为。"

乃与私属遂去豳[7]，度漆、沮，逾梁山，止于岐下[8]。豳人举国扶老携弱，尽复归古公于岐下。及他旁国闻古公仁，亦多归之。于是古公乃贬戎狄之俗[9]，而营筑城郭室屋，而邑别居之。作五官有司。民皆歌乐之，颂其德。

（选自《史记·周本纪》）

## 注释

［1］后稷、公刘：皆周族先祖。

［2］薰育（xūn yù）：也作“薰鬻”。即北方游牧民族匈奴。

［3］戎狄：北狄和西戎。先秦时代华夏对西北地区各种族群的统称。

［4］已复攻：不久再来进攻。已，不久。

［5］有民立君，将以利之：人民立君长，是求君王对他们有利。

［6］杀人父子：牺牲老百姓父子。

［7］去豳：离开豳这个地方。从先祖公刘之子庆节在豳立国，至古公亶父，周族已经在此生活了九代。豳位于今陕西省旬邑县境内.

［8］止于岐下：定居在岐山下。岐山在今陕西省岐山县。古公立国于岐山之南一片平原上，后名周原。岐山周原是周族兴盛的起点，故后人常将西周称为岐周。

［9］贬戎狄之俗：排斥抛弃戎狄之俗。从后文“营筑城郭室屋，而邑别居之”推测，当是指放弃游牧民族逐水草而居的习俗，改为营造永久性建筑，过上聚村、聚邑而居的生活。

## 参考译文

古公亶父继承后稷、公刘的功业，积德行义，国都中的人民都爱戴拥护他。薰育戎狄等部族经常进攻他们，勒索财物。古公就把财物送给他们。不久他们又来进攻，勒索土地和人民。人民都很愤怒，纷纷要求跟他们决一死战。古公说：“人民立君王，是希望君王的有效治理对大家有利。现在戎狄侵略我们，是为了得到土地和人民。人民在我治下，与在他们治下，又有什么不同呢？人民为了维护我的缘故，牺牲自己的父亲和孩子来成全我的统治，我于心何忍？”

古公于是带着亲属及左右近臣离开豳，跨过漆河、沮河，翻过梁山，定居在岐山脚下。豳人扶老携幼，全都追随古公来到岐山。周围国家听说古公仁慈，也多有投奔而来者。从此古公抛弃戎狄的游牧习俗，建造永久性城郭和房屋，分成村落邑镇聚集定居，设五种官位（司徒、司马、司空、司士、司寇），各司其职管理公务。人民都用诗歌表示赞美和欢欣，歌颂古公的恩德。

**赏析与写作指导**

## 古公的君王观

古公迁国的故事，体现了古公亶父的政治观和君王观。古公认为，国家（族群）就是由劳心者（君王和有司）和劳力者（民）组成一个共同体，相互协作，抱团抵御外侵，一起过日子。

这个共同体必须具有劳心者和劳力者的分工，所以君王是共同体必不可少的设置。而劳力者设置君王的目的是什么呢？是为了维护共同体的利益，所以也是维护劳力者的利益。“有民立君，将以利之”就是这个意思。

涉及一个反命题。这个共同体不是君王出于自己的利益需求，强迫劳力者归附他而形成的，君王没有权力支配劳力者的命运。所以为了保护君王的利益，“杀人父子而君之，予不忍为”。为什么不忍为之？因为不合道义。

古代圣人多持此种君王观。《墨子·尚同上》认为：“夫明乎天下之所以乱者，生于无政长。是故选天下之贤可者，立以为天子。”天子君王是大家出于消除混乱、建立秩序的需要，而选出来的领头者。君王之起源，在于共同体的需要，而不是君王本人的需要。他任职的资格，是大家认为他贤能而选之举之，而不是他用皮鞭或斧钺逼着大家认可的。

司马迁也这么认为。他用古公的发言宣示了这种君王观之后，又用叙事方法描述了古公继续担任共同体领头人的过程。“豳人举国扶老携弱，尽复归古公于岐下。及他旁国闻古公仁，亦多归之。”

后世儒家学者，孔子孟子等人，都说君王的成功标志是“近者说（悦），远者来”（《论语·子路》）。当年孔子游历楚国叶县，叶公请教孔子怎样的政治才是好政治，孔子就回答了这六个字。他还对学生樊迟说，贤能者根本不需要学习干活，只要行仁践义，讲信修睦，把国家治理好，“则四方之民襁负其子而至”（《论语·颜渊》）。孩子还在襁褓里，他就拖家带口风尘仆仆地投奔过来。总之，劳心者的责任就是仁义治国，然后万民服其德义而千里来归。

《孟子·梁惠王上》的看法与之完全一致。君王“如有不嗜杀人者，则天下之民皆引领而望之矣。诚如是也，民归之，由水之就下，沛然谁能御之？”（《孟子·梁惠王上》）在《孟子·梁惠王下》中，孟子引述过古公迁国的故事，用以劝诫君王行仁践义，以达万民归附之效。在另一处，孟子更是大夸文王之政。“诸侯有行文王之政者，七年之内，必为政于天下矣。”（《孟子·离娄上》）

孔子是经历过官场历练的人，他的思想不会是书斋里冥想出来的，而是包含着历史经验和施政体会。历史经验来自哪里，就来自历代像周文王这样的圣君明主。孟子在稷下学宫苦学多年，又游历多国传播古圣思想，也非信口开河之徒。

司马迁撰述《史记》时，既有悠久的历史经验可供揣摩，又有庞大的政治思想资源可供参考。古公言论不会是司马迁的杜撰，而是准确表现了中国古圣先贤的政治观念。至于这种观念离政治实践究竟有几分对接契合，值得深入研究。

**延伸知识**

### 周代的戎狄

古公从豳迁徙到岐山，向南（略偏西）迁移了大约 100 公里。可见当时主要压力来自北方游牧民族匈奴。古公立国在岐山之南的一片平原上，后名周原。岐山周原是周族兴盛的起点，故后人常将西周称为岐周。

当时绝大多数部落、族系，人口不多，经济实力很有限，活动范围也很小，一般只能控制方圆几十里的地盘。天子封诸侯，其封地也只有方圆几十里那么大。直到古公玄孙周成王，封其弟叔虞于唐（今山西省南部翼城县境内），唐境也就是方圆几十里。后来，叔虞之国发展为称霸天下的大晋，都是一步一步攻灭他国他族所致，包括吞并戎狄的地盘。

粗看历史，以为西部很远才有戎，北部很远才有狄，其实不然。黄帝时期，华夏戎狄，界限应该不会太明显。后来尧舜禹部族，凭着先进的农业技术和天文学知识，迅速发展农业生产，经济实力越来越雄厚，社会组织越来越严密，这时候就逐渐产生了指向高远具有凝聚力的政治文化和人文文化。

那些及时跟着尧舜禹部族进行产业升级和社会转型的部族，在漫长而频繁的冲突、战争、合作、互助中，逐渐凝聚在一起，形成文化认同和种族认同。有事没事搞个朝觐或互访，团结得越来越紧密，融合得越来越深切。矛盾激化时也会大打出手，打完了又坐下来和谈，背几句诗经和尧舜语录，讲一讲四海之内皆兄弟也，于是又团结在夏天子或周天子旗下。

那些没有出现过雄才大略领袖的部族，根本不愿意吃苦盖草房、塑陶屋，也不愿意掘地撒种，更加听不进“克明俊德以亲九族”及君臣夫妇的文化理念，还照原来的方法陪着几只羊几头牛满山坡转悠，时不时唱几句情歌，找个山旮旯温情浪漫一把。他们对华夏族群的产业模式、社会组织模式和礼乐文化没有认同，于是分野越来越大，渐行渐远，慢慢就成了戎狄。

将远古狄人解释为漠北草原的匈奴部落，恐怕不够准确。因为那时有大量戎狄生活在“中国”，华夏与戎狄混居时代持续了很久。直到春秋时期，今日陕西、山西、河南、河北、山东地区，所谓华夏的核心地区，并非华夏的一统天下，而是见缝插针地分布着无数戎狄部族。三家分晋之前，他们还要时不时地跟南部山区的戎狄或抛石飞箭，或谈判言和。《左传·襄公四年》就记载着晋国大臣魏绛，把一场征伐戎狄的战争，转化为和平谈判的故事。但大多数时候，双方还是要冲冲杀杀的。那时的晋国，中心在今山西南部曲沃、翼城、襄汾一带，戎族很可能就游荡于南部黄河边上的崇山峻岭中。

齐桓公称霸的时候，齐国境内还有戎狄的独立王国。有一次卫国(今河南濮阳)遭遇戎狄的烧杀抢掠，完全没有招架之力，整个都城被烧成废墟。齐桓公带着齐国人帮他赶走戎狄，重建都城。为了避免第二次灭都之灾，他们只好把新建的都城往西挪一挪，因为戎狄来自东方，就来自齐国境内。齐霸主也没力气把鼻子底下的戎狄一巴掌拍死。至于陕西、山西、河北诸地北部地区的戎狄，那就更不用说了，那里基本上是戎狄的地盘，华夏到了汉代，才有能力对那些地区实行全覆盖式的管理。

至于古公亶父时代，戎狄的繁盛与普遍，更不用说了。那时候戎狄华夏，是你中有我，我中有你，错存杂处。当时所谓分封，如成王封其弟叔虞于唐，天子并不会去帮你打扫房间，肃清土匪，也不会给你划定国界，维护边疆。天子只是给你颁发一个许可证，你带着受到权威加持的许可证，自己破草开荒打天下去。打得开你就是诸侯，打不开你就是难民，或者抛尸疆场。

当年的华夏，在技术水平、经济实力、社会组织模式、人文文化等各个方面，都具有优势，所以经过几千年的发展，硬是把这么大的地盘，变成了华夏之家，那些遍地开花的戎狄部族，全都消失了。当然不是杀光的，而是逐步“化”过来的。中国自古没有“夷夏”的绝对分野，谁认同华夏文化，谁就是华夏一家。这条文化理念，绝对不是文人冥想出来的，而是对几千年夷夏融合历史经验的总结。

古公亶父对戎狄，采取迁国躲避政策，一方面说明他至仁至义，另一方面也说明，那时候的戎狄，实力还非常强，一个规模小的华夏部族如周族，不是其对手，所以古公“走为上”。华夏大族几千年的发展，拓出如此辽阔的疆土，整合出这么大一个中华大家族，既得益于征战之功，也得益于教化同化之功。

副课文

## 河政

河政之坏也，起于并水之民贪水退之利，而占佃河旁汙泽之地，不才之吏因而籍之于官，然后水无所容，而横决为害。

贾让言：“古者立国居民，疆理土地，必遗川泽之分，度水势所不及。大川无防，小水得入陂障( bēi zhàng，堤岸，防护 )，卑下以为汙泽，使秋水多得有所休息，左右游波宽缓而不迫，故曰：‘善为川者决之使道。’又曰：‘内黄界中有泽，方数十里，环之有堤。往十余岁，太守以赋民，民今起庐舍其中，此臣亲见者也。'《元史·河渠志》谓，黄河退涸之时，旧水泊汙池，多为势家所据，忽遇泛溢，水无所归，遂致为害。”

由此观之，非河犯人，人自犯之。予行山东巨野、寿张诸邑，古时潴（zhū，积聚）水之地，无尺寸不耕，而忘其昔日之为川浸矣。近有一寿张令（县令）修志，乃云梁山泊仅可十里，其虚言八百里，乃小说之惑人耳。此并五代、宋、金史而未之见也。书生之论，岂不可笑也哉！

——〔清〕顾炎武《日知录·卷十二》

## 思考与训练

1. 主课文载："于是古公乃贬戎狄之俗，而营筑城郭室屋，而邑别居之。"这是迁居岐山之后的作为。由此推断，在定居岐山之前，周族处于什么样的文明状态和产业状态？

2.《孟子》讲到古公亶父时，写作“古公亶甫”，“父”“甫”都是对君子的尊称。孟子给滕文公讲过亶父迁国的故事，文字比本课略显深奥，特附录于此，请对比阅读。

滕文公问曰：“滕，小国也。竭力以事大国，则不得免焉。如之何则可？”

孟子对曰：“昔者大王（周太王，即古公亶父）居邠（豳），狄人侵之。事之以皮币，不得免焉；事之以犬马，不得免焉；事之以珠玉，不得免焉。乃属其耆（qí）老而告之曰：‘狄人之所欲者，吾土地也。吾闻之也：君子不以其所以养人者害人。二三子何患乎无君？我将去之。’去邠，踰梁山，邑于岐山之下居焉。邠人曰：‘仁人也，不可失也。’从之者如归市。或曰：‘世守也（世代传承之基业），非身之所能为也（非我个人所能弃）。效死勿去（宁愿为之献身，也不可离开此国此君）。’君请择于斯二者。”（《孟子·梁惠王下》）

# 第十二课　文王行仁

〔西汉〕司马迁

题解

周文王是历史上影响深远的大政治家和大圣人，本文介绍了他的信念、德行与前辈君王的继承关系，记述了他治国理政、与商纣周旋的诸多表现，凸显了他的大德大怀。

## 人物故事

古公亶父：见上一课人物故事。

周文王（前 1152—前 1056）：姬姓，名昌，周太王之孙，季历之子，周朝奠基者。其父死后，继承西伯侯之位，故称西伯昌。周武王灭商后，追尊他为周文王。他是杰出的政治家和外交家，西方诸国多有归附。他迁都丰京（今陕西西安），为武王灭商，周有天下奠定基础。曾被商纣囚于羑里，文王于此把《周易》推进到新水平。

## 主课文

古公有长子曰太伯，次曰虞仲。太姜生少子季历。季历娶太任，皆贤妇人。生昌，有圣瑞[1]。古公曰："我世当有兴者，其在昌乎？"长子太伯、虞仲知古公欲立季历以传昌，乃二人亡如荆蛮[2]，文身断发[3]，以让季历。

古公卒，季历立，是为公季。

公季卒，子昌立，是为西伯。西伯曰文王，遵后稷、公刘之业，则古公、公季之法[4]，笃仁[5]，敬老，慈少。礼下贤者，日中不暇食以待士，士以此多归之。伯夷、叔齐[6]在孤竹[7]，闻西伯善养老[8]，盍往归之。太颠、闳夭、散宜生、鬻子、辛甲大夫[9]之徒皆往归之。

崇侯虎谮西伯[10]于殷纣曰："西伯积善累德，诸侯皆向之，将不利于帝。"帝纣乃囚西伯于羑里。闳夭之徒患之。乃求有莘氏美女，骊戎之文马，有熊九驷[11]，他奇怪物，因殷嬖臣[12]费仲而献之纣。纣大说，曰："此一物足以释西伯，况其多乎！"乃赦西伯，赐之弓矢斧钺，使西伯得征伐。曰："谮西伯者，崇侯虎也。"西伯乃献洛西之地，以请纣去炮格之刑[13]。纣许之。

西伯阴行善[14]，诸侯皆来决平[15]。于是虞、芮[16]之人有狱不能决，乃如周。入界，耕者皆让畔[17]，民俗皆让长。虞、芮之人未见西伯，皆惭，相谓曰："吾所争，周人所耻，何往为，祇取辱耳[18]。"遂还，俱让而去。诸侯闻之，曰"西伯盖受命之君[19]"。

（选自《史记·周本纪》）

## 注释

[1] 有圣瑞：有大德大志、大圣大能的气象。

[2] 亡如荆蛮：逃亡进入荆蛮地区。如，往。荆蛮，南方地区。

[3] 文身断发：文身、发饰都入乡随俗。此意表示他们已经归附了荆蛮文化，不可能再回到中原族群。以此保证季历和昌继位。

[4] 则古公、公季之法：效法古公、公季的仁政理念和治国之道。则，遵循、效法。

[5] 笃仁：忠实地行仁。

[6] 伯夷、叔齐：孤竹国公子，商末贤人。《史记》列传第一篇就是《伯夷列传》。

[7] 孤竹：殷商时期封国，在今河北卢龙县。

[8] 善养老：恭敬地招揽贤能。“养老”非颐养晚年之意，而是招纳豢养贤能之意。“老”者，有德才和声望的贤能者也。

[9] 太颠、闳夭、散宜生、鬻子、辛甲大夫：都是一时贤达，归附于周。其中辛甲大夫是叛商投周。

[10] 谮（zèn）西伯：进谗言诬陷西伯。

[11] 九驷：有多种解释，均系猜测，记住指车马即可。

[12] 因殷嬖(bì)臣：凭借殷商宠臣出面(而送给纣王)。因，凭借某因素，通过某渠道。嬖臣，特别受宠幸的近臣。

[13] 炮格之刑：也称炮烙之刑。是商纣王设置的一种残酷的刑罚。本是一种烤肉设施，被改造为刑具。铜柱上涂油，下

加炭火，令罪人行其上，坠炭中烧死。此刑被视作商纣残暴之象征。西伯用土地劝商纣取消此刑，天下震动，大得人心。

［14］阴行善：暗中广施仁善，以免引起商纣的警觉忌讳。

［15］决平：裁决各国各族纠纷，以使公平解决。

［16］虞、芮：周附近的两个小国。

［17］让畔：田界相互礼让而不相争。畔，田地的界限。

［18］祇（zhǐ）取辱耳：只会让人耻笑啊。祇，同“只”。

［19］西伯盖受命之君：西伯看来是秉受天命的天子，也就是认为他不是普通的诸侯王，而要成为天下共主。

## 参考译文

古公的长子叫太伯，次子叫虞仲。太姜生小儿子季历，季历娶太任为妻，太姜、太任都是贤妻。太任生昌，昌有圣明气象。古公说：“我的后代能成大事者，大概就是昌吧。”太伯虞仲知道古公想立季历，以便传位于昌，两人便逃入荆蛮，文身剪发，随蛮人俗，以让季历继位。

古公辞世，三子季历即位，就是公季。

公季辞世，其子昌即位，就是西伯。西伯即文王。他遵循后稷、公刘的德行和功业，效法古公、公季的治国惠民之道，笃行仁义，尊敬长老，慈爱幼小。恭敬屈身礼遇贤能，为了接待士人，直到中午也没时间吃饭，贤士因此纷纷归附他。伯夷、叔齐在孤竹国，听说西伯诚心招纳贤能，一起投奔了他。太颠、闳夭、散宜生、鬻子、辛甲大夫等人也都投奔而来。

崇侯虎给殷纣讲西伯的坏话："西伯积德行善，诸侯归心，这对天子不利。"纣把西伯囚禁在羑里。闳夭等人很着急，赶紧寻找有莘氏的美女，骊戎的彩色骏马，有熊的车马，以及其他种种珍奇之物，打通纣的宠臣费仲的关系，进献给纣。纣大喜，说："有其中一件东西，就足以让我释放西伯，何况还有这么多呢！"于是释放西伯，赐他象征天子权威的弓箭斧钺，使他有征伐之权。纣还告诉西伯说："说你坏话的人，是崇侯虎。"西伯就以献洛水以西之地，而请纣废去炮格酷刑。纣答应了他。

西伯在各诸侯国广施仁善，诸侯都来岐山脚下请他裁断纠纷。当时虞、芮两国的人产生纠纷，互不相让，无法和解，特来周国告状。进入周境，他们发现周国农人的田界相互礼让，社会风俗也是谦让长者。虞人、芮人还没见到西伯，已经感到悔悟惭愧，相互说："我们所争的，正是周人所耻的，还去找他们干吗呢？这点事说出来，只能被人耻笑罢了。"他们于是互相谦让而达成和解，然后一起返回。诸侯听说此事，都说："西伯看来是秉受天命的天子。"

## 赏析与写作指导

### 文王四德

古公亶父看出孙子昌的德慧贤能时，周国还是个远离商都的边鄙小国。为什么几十年之后，文王能号召西部万国，其子武王能秉承天命，拥有天下呢？本课文重点介绍了文王的为政之道，证明他的作为符合天道人心。另外，作为一个在暴君商纣时代受到猜忌的诸侯王，他摆脱迫害，谋求己身及国家安全，也得有一套方法，否则也可能像比干、九侯、鄂侯那样被剁成肉酱。

下面列举几项文王的政治风范，可名曰文王四德。

第一是以敬待民。文王的“笃仁，敬老，慈少”，是对弱者普施雨露。对秀杰者呢？文王“礼下贤者，日中不暇食以待士，士以此多归之”。民之智者为士，他以恭敬之心，低下身段，诚惶诚恐地善待士，吃饭都顾不上，当然就能吸引人才为国服务。中国古学一直提倡，君王用恭敬诚恳之心，请求天下贤能出山为官，服务国家。如有贤能请不动的，说明君王德望不够，一定被视作君王之耻。文王的恭敬态度，让天下贤士蜂拥而至，连伯夷、叔齐这样远在渤海边的王公贵族，也不远万里，慕名而来。

“善养老”，就是恭敬地把有德有才的长者，安置在尊贵的位置上，或者委以治国大任，或者任其教化万民。此“老”与上文“敬老”之“老”词义不同，乃指品端节高、仁宏德大者，与年龄无关。“长者”与“老”同义，也与年龄无关。伯夷、叔齐、姜子牙、太颠、闳夭、散宜生，都是这样的长者。贤士长者之中，有大量高才。国与国的竞争，就是人才的竞争。文王此风，已有吉兆。

第二是以德服众。文王尊贤抚民，国家政通人和，隆誉遍天下。虽然尚属方伯而非天子，已经颇有一点万国来朝的意味。“虞、芮之人有狱不能决，乃如周。”——瞧这影响，自动来的，这可是慕德而来啊。虞、芮之人一入周境，发现周人“耕者皆让畔，民俗皆让长”。这从侧面显示了周国君王的德治和教化十分成功，非大圣大德难于及此也。虞、芮之人羞愧不已，嘀咕道：“吾所争，周人所耻，何往为，祇取辱耳。”他们相互谦让，摆平争端，打道回府了。

类似事件一定很多，那时候历史记载不发达，所传下来的太少。反正其感化天下万民的效果，我们已经知道，那时周边小国君民就暗中猜测“西伯盖受命之君”，大家从心理上已经接受他作为天子来统治天下了。

周德在历史上的影响究竟有多大？我讲一个细节。30 年前，我在江西农村集市买西瓜，我问了一句这瓜真是你自己种的吗？那位卖瓜的老农回答说：“这我还能打谎吗？我们种地的，再老实没有，还跟周朝人一样，画地为牢，说一不二。”3000 年后，一位普通农民的道德信念，竟然与文王一脉相承，更不用说文人笔下对周德的赞颂何其汗牛充栋了。

周德者，文王之德也。子曰：“文王既殁，文不在兹乎？”在孔子看来，文王是那个时代道德、良心、文明、人文精神的集中体现者。

第三是以利求仁。文王作为商朝三公之一，非常希望天下稳定，希望所有大臣小臣都能贡献才智，把天下治理得政通人和。可是商纣暴虐，发明了炮烙之刑，直谏匡国者，往往惨遭此刑杀害，比干、九侯均以此丧命。从卿相到谏臣到士大夫，战战兢兢，不敢张口，天下陷于恐怖之中。

文王为了改变政治生态，主动提出，用周国部分国土（西安以东靠近洛河那一块），换取商纣废除炮烙之刑。“西伯乃献洛西之地，以请纣去炮烙之刑。纣许之。”国土乃一国根本利益，文王能舍弃私利，以废酷刑，为天下求仁求义，非旷世大德，不能为也。

第四是以忍待变。政坛险恶，越是大道直行的巨人，遭遇谗言谤语越多。何况周国蒸蒸日上，文王德慧仁义天下共仰，对殷商天子的威仪地位，构成重大威胁。纣王再傻也不会视而不见。如何做到既保持尊严名节，又不至于陷入纣王的暴虐之灾？这就需要委屈待天时，隐忍求变机。比干为臣，可以逞其意志，一死了之，文王虽是三公，同时也是周国之君，肩负社稷之重，不可撒手不管。而且，对于黑暗世道，以死相搏固然可敬可仰，若能忍辱周旋，寻机以善代恶、以明化暗，不是更加光昭日月吗？

所以，文王遭遇险境时，不急不躁，一面从容淡定地研究大易，从八卦演绎出六十四卦，一面让臣僚用官场逻辑化凶为吉。“闳夭之徒患之。乃求有莘氏美女，骊戎之文马，有熊九驷，他奇怪物，因殷嬖臣费仲而献之纣。纣大说。”文王献洛西之地，则是最大的贿赂。行贿进赂一抓就灵，文王的险境，终于舒缓。无此隐忍，则无后来的周天下。古公亶父弃豳就岐，避免与戎狄正面冲突，又何尝不是隐忍待变呢。

正因为文王在以上四方面都做得很完美，才有了后来的周朝和周天下，才有了孔夫子的“郁郁乎文哉，吾从周”。才有昌盛 3000 年的礼乐文化。我们华夏的文化体系和文化范式，都是由周朝塑造出来的，文王是最主要的奠基人。

**延伸知识**

## 古公慧眼识文王

古公亶父时期，周乃边鄙小国。由于亶父行仁仗义，广受拥戴，四方来朝。迁国于岐山之后，地盘和国力都迅速发展。到他儿子季历，已经被商天子封为西伯，即是西部诸多小国的首领。亶父孙子姬昌（史称文王），承袭西伯封号，继续善待方国，礼遇贤能，使周国之实力增长更快，地盘则向东扩展到黄河边上。商纣任命文王担任三公（另二公是九侯、鄂侯），可见周国在商天子的政治体系中，具有举足轻重的地位。

亶父慧眼，预测其孙昌能给周族带来大隆大盛，君位不传长子，而传给三子季历，以便能顺利地传给季历之子昌。由此引发了太伯和仲雍远遁东南，为三弟让路的故事。昌果然没有让祖父失望，他不但带来了周国的昌盛，而且创造了华夏礼乐文化的框架和核心内容，成为这个文明古国屈指可数的文化巨人和政治巨人，成为千古君王的楷模。尧舜禹汤文武周公，文王排第五，周国七占三。

亶父慧眼，何其明敏哉。

副课文

## 馆舍

读孙樵《书褒城驿壁》，乃知其有沼、有鱼、有舟；读杜子美《秦州杂诗》，又知其驿之有池、有林、有竹。今之驿舍殆于隶（因罪没入官为奴隶服劳役者，此处可解为动词囚禁）人之垣矣。

予见天下州之为唐旧治者，其城郭必皆宽广，街道必皆正直；廨（xiè，官署）舍之为唐旧创者，其基址必皆宏敞。宋以下所置，时弥近者，制弥陋。此又樵《记》所谓州县皆驿，而人情之苟且十百于前代矣。

今日所以百事皆废者，正缘国家取州县之财，纤毫尽归之于上，而吏与民交困，遂无以为修举之资。延陵季子游于晋，曰："吾入其都，新室恶而故室美，新墙卑而故墙高，吾是以知其民力之屈也。"又不独人情之苟且也。

汉制："官寺乡亭漏败，墙垣阤坏（tuó huài，崩塌损坏）不治者，不胜任，先自劾。"古人所以百废具举者以此。

——〔清〕顾炎武《日知录·卷十二》

## 思考与训练

1.课文说："西伯阴行善"。阴者，隐蔽也，暗中也。行善为什么还要"暗中"进行呢？

______________________________________________

______________________________________________

______________________________________________

2.副课文《馆舍》云："今日所以百事皆废者，正缘国家取州县之财，纤毫尽归之于上，而吏与民交困，遂无以为修举之资。"请将此言翻译为白话文。

______________________________________________

______________________________________________

______________________________________________

# 第十三课 周公吐哺

〔西汉〕司马迁

周公平息三监之乱，建设洛邑新都，还在祭祀祝辞中保护成王，对巩固周朝政权、维护天下太平起到了关键作用。本文一定程度上展现了周公鞠躬尽瘁、担当天下、牺牲自我的人格风貌。

## 人物故事

周公旦：姓姬，名旦，生卒年不详。爵位为公，采邑在周（今陕西岐山北），周氏，称为周公。谥号为文，又称周文公。文王第四子，武王之弟，亦称叔旦，史称周公旦。他是中国历史上最有影响的政治家之一，儒家学说和礼乐文化的创建者。儒家列举古代杰出的君王，下笔即云尧舜禹汤文武周公。周公旦以辅臣身份，与六位君王并列，其贡献和功德何其卓越，可想而知。武王死后，年幼的成王继位，周公摄政，平定管蔡武庚叛乱，重新安排殷商遗族，稳定了天下，巩固了周政权，开创了成康盛世，建构了有周一代的天下秩序。他制礼作乐，从文化上教化天下和万民，为万世太平奠定了基础，塑造了华夏的政治观念和民族精神。孔子是周公精神和学说的忠实继承者。

周成王（前1042—前1021年在位）：姬姓，名诵。周武王姬发之子，母邑姜，齐太公吕尚之女，西周王朝第二位君主。周成王继位时年幼，按照周公旦辅政七年之说，还政时成王20岁推测，当是13岁继位。周公摄政期间，平息叛乱，据史料记载，周成王与其子周康王统治期间，天下太平，社会安定，百姓和睦，经济发达，犯罪现象极少，以至于“刑错四十余年不用”。

太公望（约前1156—约前1017）：即姜子牙，姜姓，吕氏，名尚，一名望，字子牙。72岁在渭水之滨的磻溪垂钓，遇到了求贤若渴的周文王，被封为“太师”（武官名），称“太公望”，俗称姜太公。他是武王伐纣的首席智囊、最高军事统帅与西周的开国元勋，影响久远的韬略家、军事家与政治家。受封于齐国。后世武庙供奉他为主神。

召（shào）公奭（shì）：即姬奭，姬姓，名奭，又称召公（一作邵公）、召伯、召康公、召公奭，西周宗室、大臣，与周武王、周公旦同辈，生卒年不详。姬奭辅佐周武王灭商后，受封于蓟（今北京），系燕国始祖。召公也是周朝官名，始于姬奭，后世召公均为姬奭子孙世袭。

## 主课文

武王既崩，成王少，在强葆[1]之中。周公恐天下闻武王崩而畔[2]，周公乃践阼[3]，代成王摄行政[4]当国[5]。管叔及其群弟流言于国曰："周公将不利于成王。"周公乃告太公望、召公奭曰："我之所以弗辟[6]而摄行政者，恐天下畔周，无以告我先王太王、王季、文王[7]。三王之忧劳天下久矣，于今而后成。武王蚤终[8]，成王少，将以成周[9]，我所以为之若此。"于是卒相成王，而使其子伯禽代就封于鲁。周公戒伯禽曰："我文王之子，武王之弟，成王之叔父，我于天下亦不贱矣。然我一沐三捉发[10]，一饭三吐哺[11]，起以待士，犹恐失天下之贤人。子之鲁，慎无以国骄人[12]。"

管、蔡、武庚[13]等果率淮夷[14]而反。周公乃奉成王命，兴师东伐，作《大诰》[15]。遂诛管叔，杀武庚，放[16]蔡叔。收殷余民，以封康叔于卫，封微子于宋，以奉殷祀。宁[17]淮夷东土，二年而毕定。诸侯咸服宗周[18]。

成王长，能听政。于是周公乃还政于成王，成王临朝。周公之代成王治，南面[19]倍依[20]以朝诸侯。及七年后，还政成王，北面就臣位，匔匔[21]如畏然。

初，成王少时，病，周公乃自揃其蚤沈之河，以祝于神曰："王少未有识，奸神命[22]者乃旦也。"亦藏其策于府。成王病有瘳。及成王用事，人或谮周公[23]，周公奔楚。成王发府，见周公祷书，乃泣，反周公[24]。

（选自《史记·鲁周公世家》）

## 注释

［1］强葆：襁褓。

［2］畔：同“叛”。

［3］践阼（jiàn zuò）：走上阼阶主位。古代庙寝堂前东西两阶，主人走东阶，称阼，客人走西阶，称阶。阼阶上为主位。由此引申为帝王登基。

［4］摄行政：也叫摄政，代替年幼或因故暂时离职的君主处理国政。摄，代理。

［5］当国：担当治理国家的责任。

［6］弗辟：不回避。辟，同“避”。

［7］太王、王季、文王：太王是武王和周公兄弟的曾祖父，王季是祖父，文王是父亲。三人均已辞世，故成为周公祭祀鬼神仪式之呼告对象。

［8］蚤终：早逝。

［9］成周：完成周王朝稳定之大业。

［10］一沐三捉发：洗一次头发，三次捉住头发，停下来接待贤人。古代洗发为“沐”，洗身为“浴”。

［11］一饭三吐哺：一顿饭三次吐出食物，停下来接待贤人。哺，口中所含的食物。

［12］以国骄人：拿自己的封国炫耀世人，而看不起他人。

［13］管、蔡、武庚：管蔡是周公兄弟，武庚也称禄父，是商纣王的儿子。周灭商后，周公主张以殷治殷，武王乃封武庚于商朝旧都朝歌（河南安阳），延续商族宗庙祭祀，殷民大悦。

为防武庚叛乱，又封管叔于卫，居朝歌以东，封蔡叔于鄘，居朝歌西南，封霍叔于邶，居朝歌以北，共同监视武庚。周公摄政期间，三人配合武庚、纠集淮夷共同叛乱（史称“三监之乱”）。周公兴兵平叛，诛武庚，杀管叔，放蔡叔，废霍叔为庶民。

[14] 淮夷：当时的少数部族，居住在今淮河下游。

[15]《大诰》:《尚书》篇名。周公东征之际对各国诸侯及官员的训话。

[16] 放：流放。

[17] 宁：平定。

[18] 咸服宗周：全都归服，以周王室为宗主。咸，都。宗周，以周王室为宗主。

[19] 南面：面向南边。

[20] 倍依：背向着依。依，同“扆”（yǐ），古代堂之后壁，西边为牖（yǒu，窗），东边为户（门），户牖之间为扆。天子接受朝拜，就背对扆，脸向南。

[21] 匑（gōng）匑：谨慎恭敬的样子。

[22] 奸（gān）神命：冒犯神意。

[23] 谮（zèn）周公：说坏话诬陷周公。

[24] 反周公：派人请周公返回来。反，同“返”。

## 参考译文

武王去世，成王年幼而继位，尚在襁褓之中。周公担心诸侯听说武王死而背叛朝廷，就登位代替成王处理政务，担当治理国家的责任。管叔及其诸弟在国中散布流言说：“周公摄政将对成王不利。”周公就跟太公望、召公奭说：“我之所以不避嫌疑，代理国政，是怕天下人背叛周室，没法向我们的先王太王、王季、文王交代。三位先王忧劳天下甚久，如今刚成功。武王早逝，成王年幼，为了周朝的稳定，我摄政乃为此目的。”于是周公始终留在京都辅佐成王，而命其子伯禽代自己到封地鲁国理政。周公告诫伯禽说：“我是文王之子，武王之弟、成王之叔，我的地位不算低了。但我洗一次头要三次握发，吃一顿饭要三次吐哺，停下来接待贤士，这样还担心失去人心。你去鲁国，千万不要因身为国君而对人骄横傲慢。”

管叔、蔡叔、武庚等人，果然率领淮夷反叛。周公就奉成王的命令，兴兵东征，并作《大诰》，告诫诸侯和官员。于是诛杀管叔，斩武庚，流放蔡叔。收服殷国遗民，封康叔于卫，封微子于宋，让他延续殷族祭祀。平定淮夷地区，两年才完成，诸侯都归服，以周为宗主国。

成王成年，能处理朝政了。于是周公把政权还给成王，成王临朝听政。周公摄政治天下时，面向南方，背对扆壁，受诸侯朝拜。七年之后，还政于成王，周公面向北，处于臣子之位，谨慎恭敬，如履薄冰。

当初，成王年幼时生病了，周公就剪下自己的指甲沉入河中，向神祝告说：“王年幼，不知人事，冒犯神意的是我周公旦。”并把那祝告册文藏于秘府，成王病终于痊愈。到成王亲政后，有人诬陷周公，周公怕引起内乱，便逃亡到南方楚地。成王打开秘府，发现周公的祈祷册文，感动得哭起来，立即派人迎回周公。

## 赏析与写作指导

### 周公之德建奇勋

武王辞世时，周朝刚建立不久，不稳定因素甚多。继位的成王年幼，无法号令天下。周公极度担心诸侯抛弃成王，于是顶着内外许许多多的诽谤诬陷，登位摄政，稳定局势，为的是周祚绵延、天下太平。“我之所以弗辟而摄行政者，恐天下畔周，无以告我先王太王、王季、文王。三王之忧劳天下久矣，于今而后成。武王蚤终，成王少，将以成周，我所以为之若此。”经过周公这样做工作，太公望、召公奭这两位德望最高的政治家才表示支持，周公摄政才能继续下去。

周公告诫儿子伯禽的话，表现了他担当天下的责任感，对天下万民的诚敬和工作的辛劳。“我文王之子，武王之弟，成王之叔父，我于天下亦不贱矣。然我一沐三捉发，一饭三吐哺，起以待士，犹恐失天下之贤人。子之鲁，慎无以国骄人。”这段话博得历代读书人的敬仰，“周公吐哺，天下归心”成为古代中国出现频率最高的熟语。

周公率军平三监之乱，证明周公摄政是何等必要，因为成王作为孩子，面对这样的危机，不可能镇得住。“周公乃奉成王命，兴师东伐，作《大诰》。遂诛管叔，杀武庚，放蔡叔。收殷余民，以封康叔于卫，封微子于宋，以奉殷祀。宁淮夷东土，二年而毕定。诸侯咸服宗周。”走到这一步，天下才算是大局已定，周王朝才算真正站稳脚跟。这是周公摄政的目的所在，也是其历史功勋所在。

成王生病时，周公悄悄祷告神灵，表示自己可以代成王受过，希望神灵放过成王，因为天下离不开天子啊。周公还政之后，遭遇更多的诽谤，临朝亲政的成王肯定也希望抹去他的影响力。为了避免激化矛盾，周公选择了逃亡。成王偶然从秘密档案中发现了周公为他祷告的祝词，知道一切诽谤都是无稽之谈。“及成王用事，人或谮周公，周公奔楚。成王发府，见周公祷书，乃泣，反周公。”到这里故事可算大致完整。

可是《史记》中周公的故事，比这个丰富得多。周公死后，狂风暴雨，电闪雷鸣，庄稼倒伏，大树连根拔起。成王研究历史档案寻找对策，偶然读到武王生病时，周公要求神灵放过武王，降灾殃于自己的祝词，他终于明白周公之德，超过他人想象。一个大公无私、忧劳天下、随时准备牺牲自己的大德大圣形象，终于坚实地挺立起来。成王赶紧郊祀上帝，告慰周公。于是气候正常，倒伏的庄稼重新竖立起来。五谷丰登，六畜兴旺，兆民喜乐，神州祥和，成康盛世在华夏大地渐次呈现。

司马迁几乎是以塑造神灵的热诚和敬仰，塑造了一个光芒万丈的周公形象。只有这样写，才跟周公在华夏奋斗史和文化建设史上享有的崇高地位相匹配。

延伸知识

## 制礼作乐照华夏

周文王高才大德，仁政爱民，深得关中、河南地区列侯拥戴，列侯认为这就是天子之德。及至周武王，周国更加强盛，天命所归的征状越来越明显，八百诸侯推其为盟主，要求他率众伐商灭纣。灭纣之后，周国践天命，号令天下，神州大地重获太平。要想周朝太平稳固下来，就必须有新的制度、新的规矩，供天下共同遵循。武王享国日短，匆匆辞世。巩固王权、发明新制、协和万邦、规范百代的使命，历史地落到了周公旦的肩上。

总结起来，文王积聚德望，武王打出天下，周公立下规矩。周公完成了第三步，才能开万世太平。所以，娄敬一见刘邦就说，你是趁着乱世崛起于草莽，你可别跟周朝比，人家是“积德累善十有余世”，九州万国“莫不宾服”。

周公摄政期间，平定了“三监之乱”，建设了洛邑新都，这只是谋一时之安。周公更大的贡献，在于察古观今，展望未来，建立了一整套保障万世之安的制度，包括政治制度、土地制度、社会制度、祭祀制度、礼仪制度、文化制度。史称“制礼作乐”，就是对他这一系列贡献的概括。

礼本来就是利用外在的仪轨，规范人心。周公突出乐在礼仪中的重要作用，对灵魂进行抚慰和洗涤，使礼仪的精神作用发挥到极致。这套礼乐制度之所以能够推行并绵延下去，又必须以当时因俗设制而确立的制度规范为基础。

中国历史的封建时代，中国文化的人文文化特性，中国文明的礼乐文明特征，都是在周公制礼作乐的政治实践中明确下来的。所以，周公在中国历史上的地位，非常特殊，只有把他跟尧舜禹汤文武并列，才能体现其重要性。他被儒家学派封为“元圣”，当之无愧。

孔子晚年曾经说：“甚矣吾衰也！久矣吾不复梦见周公。”（《论语·述而》）他不可能真的是睡觉时老梦见周公，而是说他一辈子都在与周公进行精神对话，从那里汲取道术和德慧，跟周公一样怀万世之忧。当他没有精力频繁地跟周公对话，探讨人间大道时，他知道自己的身体已经衰竭了，精气神已经耗光了。由此看来，孔子之学，乃是周公之道在新时代的发展。

**副课文**

## 街道

古之王者，于国中之道路，则有条狼氏（掌管清除道路之官吏）涤除道上之狼扈（散乱之物），而使之洁清。于郊外之道路，则有野庐氏（掌管京畿交通之官吏）达之四畿，合方氏（掌管四方道路之官吏）达之天下，使之津梁相凑，不得陷绝。而又有遂师以巡其道修，候人以掌其方之道治。至于司险掌九州之图，以周知其山林川泽之阻，而达其道路。则舟车所至，人力所通，无不荡荡平平者矣。

晋文之霸也，亦曰：“司空以时平易道路。”而道路若塞，川无舟梁，单子以卜陈灵之亡。自天街不正，王路倾危，涂潦遍于郊关，污秽钟于辇毂。《诗》曰："周道如砥，其直如矢。君子所履，小人所视，睠言顾之，潸焉出涕。"其斯之谓与？

《说苑》："楚庄王伐陈，舍于有萧氏。谓路室之人曰：'巷其不善乎，何沟之不浚也？'"以庄王之霸，而留意于一巷之沟，此以知其勤民也。

后唐明宗长兴元年正月，宗正少卿李延祚奏请止绝车牛，不许于天津桥来往。明制，两京有街道官，车牛不许入城。

——〔清〕顾炎武《日知录·卷十二》

## 思考与训练

1. 周公对儿子说:“我一沐三捉发，一饭三吐哺，起以待士，犹恐失天下之贤人。”周公为什么如此担心“失天下之贤人”？善待“天下之贤人”，究竟有什么好处？

______________________________

______________________________

______________________________

2. 副课文《街道》云:“楚庄王伐陈，舍于有萧氏。谓路室之人曰:‘巷其不善乎，何沟之不浚也？’以庄王之霸，而留意于一巷之沟，此以知其勤民也。”请将此翻译为白话文。

______________________________

______________________________

______________________________

# 第十四课 太子演习当皇帝

〔北宋〕司马光

北魏太宗明元帝拓跋嗣，暮年致力于培养训练尚未成年的太子，以便保证权力平稳交接。他尚未辞世，就让太子进行演习，临朝理政，锻炼其总揽国政、驾驭朝堂的能力。这个措施极其高明，达到了理想的效果。

## 人物故事

拓跋嗣（392—423）：鲜卑族人，即北魏明元帝（409—423年在位）。道武帝拓跋珪长子，南北朝时期北魏第二任皇帝。拓跋嗣被立为太子后，生母刘贵人按北魏“立子杀母”的制度被道武帝赐死，拓跋嗣为此过度悲伤，被道武帝怒斥出宫。十月，道武帝被次子清河王拓跋绍所杀，太子拓跋嗣在宫中卫士的拥戴下，杀拓跋绍而登基为帝，改年号永兴。他因征战操劳，加上服用寒食散中毒，过早辞世。本文所讲，即是他辞世前培养太子的故事。

拓跋焘（408—452）：鲜卑族人，即北魏太武帝，北魏第三任皇帝（423—452年在位），太宗明元帝拓跋嗣长子，母为明元密皇后杜氏。南北朝杰出的军事家、政治家、改革家。自幼聪明大度、干练沉稳。继位后灭佛倡儒，尊崇孔子，大量吸收汉族知识分子参政，利用其知识和经验治国安邦。北魏因而迅速强大，灭胡夏、北燕、北凉，伐柔然，征山胡，降鄯善，逐吐谷浑，取南朝刘宋虎牢、滑台等要地，完成了中国北方的统一。晚年暴躁嗜杀，屠戮甚多。大宦官宗爱（中国历史上唯一弑杀两位皇帝的太监）害怕因罪被杀，乃弑拓跋焘。

**主课文**

魏主服寒食散[1]，频年药发，灾异屡见，颇以自忧。遣中使[2]密问白马公崔浩曰："属者[3]日食赵、代之分。朕疾弥年[4]不愈，恐一旦不讳[5]，诸子并少，将若之何？其为我思身后之计！"

浩曰："陛下春秋富盛[6]，行就平愈[7]，必不得已，请陈瞽言[8]。自圣代龙兴，不崇储贰[9]，是以永兴之始，社稷几危。今宜早建东宫[10]，选贤公卿以为师傅，左右信臣以为宾友；入总万机，出抚戎政。如此，则陛下可以优游无为，颐神养寿。万岁之后[11]，国有成主，民有所归，奸宄息望[12]，祸无自生矣。皇子焘年将周星[13]，明睿温和。立子以长，礼之大经，若必待成人然后择之，倒错天伦，则召乱之道也。"

魏主复以问南平公长孙嵩。对曰："立长则顺，置贤则人服；焘长且贤，天所命也。"

帝从之，立太平王[14]焘为皇太子，使之居正殿临朝，为国副主。以长孙嵩及山阳公奚斤、北新公安同为左辅，坐东厢，西面；崔浩与太尉穆观、散骑常侍代人丘堆为右弼，坐西厢，东面；百官总己[15]以听焉。

帝避居西宫，时隐而窥之，听其决断，大悦。谓侍臣曰："嵩宿德旧臣，历事四世，功存社稷；斤辩捷智谋，名闻遐迩；同晓解俗情，明练于事；观达于政要，识吾旨趣；浩博闻强识，精察天人；堆虽无大用，然在公专谨。以此六人辅相太子，吾与汝曹巡行四境，伐叛柔服[16]，足以得志于天下矣。"

太子聪明，有大度；群臣时奏所疑，帝曰："此非我所知，当决之汝曹[17]国主也。"

（选自《资治通鉴·第一百一十九卷·宋纪一》）

## 注释

[1] 寒食散：又称"五石散"，其药方托始于汉人，由魏人何晏首先服用。关于寒食散中的五石，葛洪所述为丹砂、雄黄、白矾、曾青、慈石。药性燥热，服后全身发热，产生迷惑人心的短期效应。服者多称去病强身，实际上为济其色欲。服用者一般都会慢性中毒。

[2] 中使：宫中派出的使者。多指宦官。

[3] 属（zhǔ）者：近来。

[4] 弥年：经年，终年。

[5] 不讳：指死亡。

[6] 春秋富盛：年富力强。

[7] 行就平愈：您的病行将平复、痊愈。

[8] 瞽（gǔ）言：瞎说，不明事理的言谈。

[9] 储贰：即储二、储副，指选好太子。

[10] 东宫：指太子居所，代指太子。

[11] 万岁之后：指死亡。

[12] 奸宄(guǐ)息望：奸邪之徒只能止息为非作歹的念头。宄，奸邪，歹徒。

[13] 周星：岁星（木星）十二年在天空循环一周，因又借指十二年。拓跋焘这年实际有14周岁。

[14] 太平王：帝王之子一般均封为某王。

[15] 总己：谓总摄己职。

[16] 伐叛柔服：叛，叛逆者。服，臣服者。伐和柔均为动词。

[17] 汝曹：你们。

## 参考译文

北魏皇帝拓跋嗣，服用寒食散，连续几年药性发作，天灾也常常发生，他深感忧虑。他派宦官秘密询问白马公崔浩说："最近，赵代地区多次发生日食，我的病经年不愈，万一突然辞世，诸公子都还年幼，那该怎么办啊？请为我想想身后之事。"

崔浩说："陛下正年富力强，您的病不久就会痊愈。如果您一定要我发表意见，我就说几句瞎话。自魏国建立，一向不重视立储君。所以永兴初年的宫廷剧变，社稷几乎倾覆。如今应早立太子，选贤明公卿做太子师傅，选左右亲信做太子宾友。让太子在京即主持朝政，出京则统军抚民。如果这样，陛下就可以身心悠闲，颐养天年。陛下百年之后，国家有既成君主，百姓可明确归附，奸佞之徒不敢再生歹毒念头，灾祸也就无从发生。皇长子拓跋焘，年将 14 岁，睿智明达，温和沉稳。以长子为太子，符合礼制。如果等到诸公子成人，再选太子，很可能长幼错乱，不合天伦，而且招致动乱。"

拓跋嗣又征询南平公长孙嵩的意见。长孙嵩说："立长子为储君，名正言顺，选贤才为太子，人心信服。拓跋焘既是长子又有贤德，乃天命所归。"

拓跋嗣同意他俩的意见，下诏立太平王拓跋焘为皇太子，并让他荣登正殿，临朝理政，为国家副主。拓跋嗣任命长孙嵩及山阳公奚斤、北新公安同等为左辅官，坐东面西；任命白马公崔浩、太尉穆观、散骑常侍代郡人丘堆为右辅官，坐西面东，共辅太子。百官群僚居左右辅官之下，各司其职，听候差遣。

拓跋嗣避居西宫，时不时悄悄出来，从旁窥视，观察太子和辅臣如何裁决政事。他非常满意，高兴地对侍臣们说："长孙嵩是大德老臣，侍奉过四代皇帝，功在国家；奚斤辩才盖世，智谋过人，远近闻名；安同接地气，了解民间疾苦，处事明达干练；穆观能解政务轻重，深明我意；崔浩博闻强记，精于天地变化、人情冷暖；丘堆虽无大才，但他忠诚可靠，一心为公。有此六人辅佐太子，我跟你们只要巡视全国，叛逆者讨之，臣服者抚之，就足以保天下太平了。”

太子拓跋焘聪明睿智，胸怀宽广。百官有时就难题奏请拓跋嗣决断，拓跋嗣却说：“此事我不知情，找你们国主议决吧。”

## 赏析与写作指导

### 皇帝如何培养接班人?

北魏皇帝拓跋嗣，因受汉族腐朽贵族(所谓魏晋名士)影响，长期服用壮阳药寒食散，导致身体溃败，30岁那年就自知来日无多(第二年就辞世)，于是赶紧把年仅14岁的长子立为太子，安排好辅政大臣，让他临朝理政，训练总揽国家和驾驭朝堂的能力。本文所写即是这个太子“实弹演习”当皇帝的故事。

拓跋嗣是个明智皇帝，以衰朽之身指导太子演习，保证权力平稳过渡，江山社稷就不会因他驾崩而出乱子。他的高明之处在于，先找重臣垂询，推心置腹地阐明危机和担忧，让臣子主动提出解决方案。“朕疾弥年不愈，恐一旦不讳，诸子并少，将若之何？其为我思身后之计！”他把“身后之计”托付给重臣崔浩，并且就选择太子的大事征询意见。而崔浩恰是他暗中认定的顾命大臣。

崔浩一番话正合其意。“今宜早建东宫，选贤公卿以为师傅，左右信臣以为宾友；入总万机，出抚戎政。万岁之后，国有成主，民有所归，奸宄息望，祸无自生矣。”崔浩所强调的保证政权平稳过渡的想法，跟拓跋嗣完全一致。这叫君臣同心。

太子人选，两位大臣意见一致。崔浩说：“皇子焘年将周星，明睿温和。立子以长，礼之大经，若必待成人然后择之，倒错天伦，则召乱之道也。”长孙嵩说：“立长则顺，置贤则人服；焘长且贤，天所命也。”一个“长且贤”的太子，既合礼制，又合天命，国之大幸啊。再一次出现君臣同心。此乃吉兆也。

接下来的安排就顺理成章。拓跋嗣安排好六位官高势强的辅政大臣，分列东西两旁，其他百官，就只能跪在殿中，乖乖地听太子之命了。这场太子演习的成功，意味着所有朝臣都已经完成了接受新帝王的心理过程。至此，权力平稳过渡的目标就顺利实现了。

太子的演习成绩，让拓跋嗣非常满意。太子虽然尚系少年，可他聪明睿智，才华杰出，加上生性兼有沉稳与果决，所以演习期间的决断能力、驾驭能力，都表现不俗。“帝避居西宫，时隐而窥之，听其决断，大悦。”这“大悦”二字，从侧面写出了太子演习的精彩。

从拓跋嗣培养接班人的过程来看，他是一位非常睿智旷达的人。身体尚可时就全身而退，非常人所能做到。所选太子，后来建大功立大业，完成了中国北方的统一，还大规模擢用汉官，用汉家文化孔子学说作为国家学说，实现了国家繁荣和民族融合。拓跋嗣的立嗣眼光，可谓史上一流。

接班人之贤愚智昏，决定着社稷前途和兆民命运，并不是所有君王都能做好此事。齐桓公乃天下霸主，不世出的一代天骄，他在辞世之前，未能立嗣，他死后群子争位，朝纲崩溃，国困民危。强大的齐国就此迅速衰落，从霸主大位上滚落下来。

这个故事给人的启发，恐怕绝不只是皇帝。

**延伸知识**

## 寒食散是什么药?

中国古代一些权贵，在极尽人间奢欲后，追求长生不老，企图成为长生不老的神仙。为了满足这种需求，出现了炼制长生不老药的道士，这个制造过程叫炼丹。虽然成仙之丹从未获得过，但各种延年益寿、救死扶伤、调整身体机能的药，确实诞生了不少。

寒食散就是其中一种健身治病药（据说亦可壮阳）。寒食散是由五种矿物质炼制而成，又称“五石散”。晋代葛洪认为五石乃丹砂、雄黄、白矾、曾青、慈石，隋代名医巢元方认为五石乃钟乳、硫黄、白石英、紫石英、赤石脂。该药有毒，服用后会产生巨大的内热，因此需要一整套极其细微而烦琐的程序，将药中的毒性和热力散发掉，即所谓“散发”。散发措施包括吃冷食、喝温酒、冷浴、散步、穿薄垢旧衣，故名“寒食散”。如果散发得当，体内疾病会随毒热一起发出；如果散发不当，则五毒攻心，轻则得病致残，重则殒命。

此药在汉代即有，但不流行。魏晋时期名士、玄学开创者、曹操女婿何晏，常服寒食散。他说寒食散不但能治病，还能长精神（“服五石散非唯治病，并觉神明开朗”）。一般均显得面色红润，精神焕发，故魏晋名士普遍追求，其实这恰是中毒症状。此药尚有其他妙用。何晏极其好色多欲，他把寒食散作为春药，帮助自己提高纵欲能力。

服用寒食散，从何晏开始，一直流行了500年，成为魏晋时代士大夫权贵阶层的风尚。拓跋嗣一族，侵入汉家国土，仰慕汉家文化，甚至把汉家权贵腐朽的纵欲文化也学到手了，结果成为受害者，才31岁就舍弃国政，命归西天了。

副课文

## 言利之臣

《孟子》曰:“无政事则财用不足。”古之人君未尝讳言财也，所恶于兴利者，为其必至于害民也。昔明太祖尝黜言利之御史，而谓侍臣曰:“君子得位，欲行其道；小人得位，欲济其私。欲行道者，心存于天下国家，欲济私者，心存于伤人害物。”此则唐太宗责权万纪之遗意也。

又广平府吏王允道言:“磁州临水镇产铁，请置炉冶。”上曰:“朕闻治世，天下无遗贤，不闻天下无遗利。且利不在官则在民，民得其利则财源通，而有益于官，官专其利则利源塞，而必损于民。今各冶数多，军需不乏，而民生业已定，若复设此，必重扰之矣。”杖之流海外。

圣祖不肩好货之意，可谓至深切矣。自万历中矿税以来，求利之方纷纷，且数十年，而民生愈贫，国计亦愈窘。然则治乱盈虚之数从可知矣。为人上者，可徒求利而不以斯民为意与？

——〔清〕顾炎武《日知录·卷十二》

## 思考与训练

文言文省略主语的情况比较多，有时候主语已经改变，可是因为省略，读者稍微粗心就难于意识到，这给我们的阅读增加了许多困难。我们必须高度重视，有意克服这个困难，以尽快提高文言文的阅读能力。细读主课文中下面的句子，在括号内填写后边行为的主语是谁。

（　）今宜早建东宫，（　）选贤公卿以为师傅，左右信臣以为宾友；（　）入总万机，（　）出抚戎政。如此，则陛下可以优游无为，颐神养寿。（　）万岁之后，国有成主，民有所归，奸宄息望，祸无自生矣。

# 第十五课　左宗棠收复新疆

《清史稿》

题解

左宗棠入疆20个月，三次排除腐朽王朝的内部干扰，赶走了英国人扶持的“中亚屠夫”帕夏（阿古柏），摧毁了他侵入中国领土建立的非法政权，接着又收复了被俄国人占领的伊犁一带大片领土，为一个节节败退、即将土崩瓦解的腐朽王朝挣回了面子，也为中华民族立下了万世之功。

## 人物故事

左宗棠（1812—1885）：字季高，一字朴存，号湘上农人，谥文襄。湖南湘阴人。晚清重要军事家、政治家，收复新疆的民族英雄，洋务派代表人物之一。与曾国藩、李鸿章、张之洞并称“晚清中兴四大名臣”。左宗棠科场不利，隐匿民间，忧劳天下，博览群书，精研舆地兵法，成为光彩夺目的大才。太平天国威胁到清政权，朝野两界都呼吁他出山。他先是协助曾国藩与太平军交战，迅速成长为湘军名将。后率军平息陕甘回民叛乱，随之进军新疆，击毁英国人支持的“中亚屠夫”阿古柏侵占新疆国土建立的所谓政权。又排除官场干扰掣肘，以命相许，整合军队4万，随身带着棺材，打算决一死战，最后和平收复伊犁。

刘锦棠（1844—1894）：字毅斋，湖南湘乡人，晚清著名将领。早年随同叔父镇压太平军和捻军，后随左宗棠赴陕甘平定回民叛乱。左宗棠受命督办新疆军务时，特向清廷推荐“英锐果敏、才气无双、志虑忠纯”的刘锦棠为前敌指挥，总理行营事务。有“飞将军”美誉。后推动新疆建省并成为新疆首任巡抚。

金顺（1831—1885）：伊尔根觉罗氏，满洲镶蓝旗人，晚清将军。累功授镶黄旗汉军副都统，擢乌里雅苏台将军，以新疆军务帮办之职，率所部先行进军新疆。左宗棠任钦差大臣督办新疆军务时，金顺仍任军务督办，并以西征军第二长官身份，亲临战阵，担任前敌指挥，为收复新疆立下汗马功劳。

## 主课文

塞外[1]回酋曰帕夏[2]，本安集延[3]部之和硕伯克[4]也。安集延故属敖罕[5]，敖罕为俄罗斯所灭，安集延独存。帕夏畏俄逼，阑入边[6]，据喀什噶尔，稍蚕食南八城，又攻败乌鲁木齐所踞回妥明。妥明[7]者，西宁回也，初以新教游关外。同治初，乘陕甘汉、回构变倡乱，据乌城。

帕夏既攻败妥明降之，遂并有北路伊犁诸城，收其赋入。妥明旋被逐，走死，而白彦虎[8]窜处乌城，仍隶帕夏。帕夏能属役回众，通使结援英、俄，购兵械自备。英人阴助之，欲令别立为国，用捍蔽俄。当是时，俄以回数扰其边境，遽引兵逐回，取伊犁，且言将代取乌鲁木齐。

光绪元年，宗棠既平关陇[9]，将出关，而海防议起。论者多言自高宗[10]定新疆，岁糜百万，此漏卮[11]也。今至竭天下力赡西军，无以待不虞，尤失计。宜徇英人议，许帕夏自立为国称籓，罢西征，专力海防[12]。鸿章言之尤力。宗棠曰："关陇新平，不及时规还国家旧所没地，而割弃使别为国，此坐自遗患。万一帕夏不能有，不西为英并，即北折而入俄耳。吾地坐缩，边要尽失，防边兵不可减，糜饷自若。无益海防而挫国威，且长乱。此必不可。"军机大臣文祥独善宗棠议，遂决策出塞，不罢兵。授宗棠钦差大臣，督军事，金顺副之。

二年三月，次肃州。五月，锦棠北逾天山，会金顺军先攻乌鲁木齐，克之。白彦虎遁走托克逊。九月，克玛纳斯南城，北路平，乃规南路。令曰："回部为安酋驱迫，厌乱久矣。大军所至，勿淫掠，勿残杀。王者之师如时雨，此其时也。"三年三月，锦棠攻克达坂城，悉释所擒缠回，纵之归。南路恟惧[13]，翼日，收托克逊城，而占彪及孙金彪两军亦连破诸城隘，合罗长祜等军收吐鲁番，降缠回万余。帕夏饮药死，其子伯克胡里戕其弟，走喀什噶尔。

白彦虎走开都河，宗棠欲遂擒之，奏未上，适库伦大臣[14]上言西事宜画定疆界，而廷臣亦谓西征费钜，今乌城、吐鲁番既得，可休兵。宗棠叹曰："今时有可乘，乃为画地缩守之策乎？"抗疏争之，上以为然。时俄方与土耳其战，金顺请乘虚袭伊犁。宗棠曰："不可。师不以正，彼有辞矣。"八月，锦棠会师曲会，遂由大道向开都河为正兵，余虎恩等奇兵出库尔。白彦虎走库车，趋阿克苏，锦棠遮击之，转遁喀什噶尔。大军还定乌什，遂收南疆东四城，何步云以喀什汉城降。伯克胡里既纳白彦虎，乃效力攻汉城。大军至，复遁走俄。西四城相继下，宗棠露布以闻，诏晋二等侯。布鲁特十四部争内附。

四年正月，条上新疆建行省事宜，并请与俄议还伊犁、交叛人二事。诏遣全权大臣崇厚[15]使俄。俄以通商、分界、偿款三端相要。崇厚遽定约，为朝士所纠，议久不决。宗棠奏曰："自俄踞伊犁，蚕食不已，新疆乃有日蹙百里之势。俄视伊犁为外府，及我索地，则索偿卢布五百万元。是俄还伊犁，于俄无损，我得伊犁，仅一荒郊。今崇厚又议界俄陬尔果斯河及帖克斯河，是划伊犁西南之地归俄也。武事不竞之秋，有割地求和者矣。兹一矢未加，遽捐要地，此界务之不可许者也。俄商志在贸易，其政府即广设领事，欲藉通商深入腹地，此商务之不可许者也。臣维俄人包藏祸心，妄忖吾国或厌用兵，遂以全权之使臣牵制疆臣。为今之计，当先之以议论，委婉而用机，次决之以战阵，坚忍而求胜。臣虽衰慵无似[16]，敢不勉旃[17]。"

上壮其言，嘉许之。崇厚得罪去，命曾纪泽使俄，更前约。于是宗棠乃自请出屯哈密，规复伊犁。以金顺出精河为东路，张曜沿特克斯河为中路，锦棠经布鲁特游牧为西路；而分遣谭上连等分屯喀什噶尔、阿克苏、哈密为后路声援：合马步卒四万余人。

六年四月，宗棠舆榇发肃州，五月，抵哈密。俄闻王师大出，增兵守伊犁、纳林河，别以兵船翔海上，用震撼京师，同时天津、奉天、山东皆警。七月，诏宗棠入都备顾问，以锦棠代之。而俄亦慑我兵威，恐事遂决裂。明年正月，和议成，交还伊犁，防海军皆罢。

出塞凡二十月，而新疆南北城尽复。

（节选自《清史稿·左宗棠传》）

**注释**

［1］塞外：古代指长城以北的地区，也称塞北。包括内蒙古、甘肃、宁夏、河北等省、自治区的北部以及蒙古高原。新疆在长城西端嘉峪关以外，故称塞外。

［2］帕夏：全名穆罕默德 ·雅霍甫。中国藩属国安集延高官，一度在英国、俄国侵略者的支持下，侵入中国新疆，建立哲德沙尔汗国，以此分裂中国，大量屠杀新疆居民，被称为“中亚屠夫”。最后被左宗棠率军剿灭。

［3］安集延：古称安都康，系中国藩属国，今为乌兹别克斯坦安集延州首府，位于今乌兹别克斯坦费尔干纳盆地东南部。

［4］和硕伯克：和硕地方的首领。

［5］敖罕：古大宛国地，一名浩罕，又名霍罕，葱岭以西穆斯林国家。版图包括今哈萨克南部、乌兹别克东部以及塔吉克与吉尔吉斯部分领土，被沙皇俄国灭国。

［6］阑入边：非法进入我国边界。阑入，擅自进入不应进去的地方。阿古柏因为害怕受到俄国吞并，就逃到中国新疆地区立国。

［7］妥明（1788—1873）：西宁一带穆斯林领袖，1864年，利用宗教影响力，率领穆斯林暴民攻占迪化等北疆地区，自称“清真王”，大肆消灭“异教徒”，残酷屠杀无辜汉族、蒙古族、满族平民达数十万人。后乌鲁木齐地区被阿古柏势力吞并。妥明病死后，左宗棠军攻克其老巢玛纳斯，将妥明党羽全部处死，妥明也被剖棺戮尸、挫骨扬灰。

［8］白彦虎（1830—1882）：陕西泾阳人，清代同治年间陕甘回变的叛军领袖之一。他们对汉民村庄进行种族灭绝式的屠杀，陕甘地区一时尸横遍野。同治八年（1869）他们进攻西安，被左宗棠击退，乃退入甘肃。同治十三年（1874）撤至新疆，投靠侵入中国的阿古柏。光绪三年（1877），阿古柏被左宗棠剿灭，白彦虎率余部逃入中亚投靠俄国。光绪八年（1882）死于俄国，其部众后代成为东干人。

［9］关陇：关中和甘肃、宁夏合称为关陇地区。关，今陕西关中地区。陇，今甘肃乌鞘岭以东，宝鸡以西地区以及宁夏全境，因在陇山（也叫六盘山）周围而称为陇，甘肃也因此简称“陇”。

［10］高宗：史称乾隆皇帝。

［11］漏卮（zhī）：古时指有漏洞的盛酒器，钱财、利益无限外溢。卮，盛酒器皿。

［12］宜徇英人议，许帕夏自立为国称籓，罢西征，专力海防：应该顺从英国人的意见，支持帕夏建国独立，向中国自称番邦；中国结束西征，放弃军事投入，一心发展海防。这是当时以李鸿章为代表的很多朝臣的共同意见，被称为海防派。湖南巡抚王文韶，明确提出陆防重于海防，被称为塞防派。左宗棠则是海防塞防并重派。

［13］恟惧（xiōng jù）：纷扰惊惧

［14］库伦大臣：清政府于喀尔喀蒙古土谢图汗部设置的驻扎大臣，全称钦差库伦办事大臣，乾隆二十六年（1761）始置，驻库伦（今蒙古国乌兰巴托）。一般由满人出任。

［15］崇厚（1826—1893）：完颜崇厚，字地山，号子谦，别号鹤槎，满洲镶黄旗人。清末铁心卖国的外交家，河道总督完颜麟庆次子，刑部尚书完颜崇实之弟。光绪四年（1878），正当左宗棠厉兵秣马挥师伊犁地区时，他擅自与俄签订《里瓦几亚条约》，不但白送国土，还搭上许多赔款，被弹劾入狱，后获释，降职任官。

［16］衰慵（yōng）无似：无比衰老，慵懒。

［17］敢不勉旃（zhān）：怎么敢不努力啊。旃，语气助词，“之焉”的合音字。

## 参考译文

塞外回疆首领叫帕夏，他本来是安集延部和硕一支的首领。

安集延原来属于敖罕国，敖罕被俄罗斯给灭了，唯独安集延被保存下来。帕夏因畏惧俄罗斯的军事逼迫，擅自进入我国边境，盘踞在喀什噶尔，渐渐地蚕食了南疆八城。接着又打败了盘踞在乌鲁木齐的回教妥明部。妥明，属于西宁回部，最初因传播新的教派而游历关外。同治初年，趁着陕西甘肃的回民叛乱之机，带头造反，占据乌鲁木齐。

帕夏既已打败并降服妥明，于是一并占有北路伊犁的城池，收取这些地方的税收。妥明随即被驱赶，逃跑过程中死了。而后白彦虎逃窜到乌鲁木齐，仍然隶属于帕夏。帕夏能聚集并役使回民，还派出使者结交英国、俄罗斯，购买兵械武器以武装自己。英国人暗中支持帕夏，希望让帕夏脱离大清，另立一个国家，用以牵制俄罗斯。就在这个时候，俄罗斯以回军多次袭扰俄的边境为由，派出军队，驱逐回军，占领了伊犁城，并且扬言将要攻取乌鲁木齐。

光绪元年（1875），左宗堂已经平定关中甘肃宁夏等地的叛乱，准备出关平定关外，此时以海防为重的朝议兴起。反对派兵出关的大臣，大都说自从高宗乾隆皇帝平定新疆以来，每年耗费数百万的银两，国力消耗太大。时至今日，竭尽全大清国的国力供给西军，也不能应对意外变故，向西用兵，过于失算了。应该听任英国人的安排，允许帕夏自立为国，向大清称臣，为藩属国。大清就可以免去向西征伐，把精力集中在海防之上。李鸿章持这个言论尤其坚决。

左宗棠说："关陇地区刚刚平定，不趁势谋划收复以前所丢失的国土，却分割放弃国土，使之另外成为一国，这是给自己留下祸患。万一帕夏不能独存，不是向西为英国人所兼并，就是折向北方投靠俄罗斯。我们的国土徒然缩减，边境要地都丢失，戍边的军队不能减少，军费消耗跟以前一样。这样无助于加强海防，而且还挫抑国威，增加祸乱。这是万万不可取的。”唯独军机大臣文祥赞同左宗棠的意见。于是决定挥军出塞，授左宗棠钦差大臣，总督军务，金顺为他的副手。

光绪二年（1876）三月，大军驻扎在肃州。五月，刘锦棠的军队向北越过天山，恰逢金顺已经开始进攻，并攻克乌鲁木齐。白彦虎逃到托克逊。九月，攻克玛纳斯南城，北路平定，于是谋划向南路进军。下令：“回疆部众，被安集延部的匪首所驱赶逼迫，厌恶战乱已经很久。我们的军队所到之处，不许奸淫抢掠，不许残杀民众。国家的军队应该如及时雨一样滋润生灵，现在正是这个时候了。”光绪三年（1877）三月，刘锦堂攻克达坂城，释放所有被擒获的维吾尔族人，放他们回原来居住的地方。南路的叛军见此情景，混乱恐惧。第二天，大军收复托克逊城，同时，占彪及孙金彪的两支军队亦连续攻破一些城池关隘，并与罗长祜等所带领的军队合兵，收复吐鲁番，使上万的维吾尔族士兵投降。帕夏服毒自杀，他的儿子伯克胡里杀害了自己的弟弟，逃跑到喀什噶尔。

白彦虎逃跑到开都河，左宗棠准备向开都河进军擒拿他。请示皇上旨意的奏折还没有递上去，就遇到库伦大臣上书讨论新疆局势，建议重新划定疆界，让叛军不来袭扰就好。朝廷大臣也说大军西征，耗费巨大，现在乌鲁木齐、吐鲁番已经收复，可以休兵了。左宗棠叹息道："现在时势有利于我，却要划定疆界，退兵缩守，这叫什么策略？"他上疏反对退兵，皇帝赞成左宗棠的意见。当时，俄罗斯刚与土耳其交战，金顺请求乘虚攻袭伊犁。左宗棠说："不可以，出师不凭借正当的名义，他们会有理由反抗。"光绪三年八月，刘锦棠与大军在曲会会师，于是由大路向开都河进发，作为正面进攻的兵力，余虎恩等人率领一支奇兵去库尔。白彦虎败走库车，随后又奔逃阿克苏，遭刘锦棠截击，转而逃到喀什噶尔。大军返回，平定乌什，于是收复南疆东四城。何步云率喀什汉城投降。伯克胡里收容了白彦虎，并全力进攻汉城。清军一到，伯克胡里再次逃跑到俄罗斯。西四城相继攻下，左宗棠将战况写成公开文书，以令人们知晓。皇帝诏书下达，左宗棠晋升二等侯爵。布鲁特十四部听到此消息，争相归附朝廷。

光绪四年（1878）正月，左宗棠上疏皇帝，讨论新疆建立行省相关事宜，并请求与俄国谈判，解决归还伊犁、交还叛军二事。皇帝下诏，派遣全权大臣完颜崇厚出使俄国。俄国以要求通商、重新划分疆界、要求赔款三件事为条件。完颜崇厚匆忙定约，被朝中大臣所检举，讨论很久，都不能决定。左宗棠上奏说："自从俄国盘踞伊犁，蚕食我国领土，从未停止，才有新疆一日失地百里的形势。俄国把伊犁看成他们的州郡，等到我们索要归还土地，则索要500万卢布补偿。俄国归还伊犁，对俄国没什么损害，我们取得伊犁，仅仅得到一个荒郊。现在崇厚又说要给俄国陬尔果斯河及帖克斯河，这是把伊犁西南边的土地划归俄国。军力打不过的时候，才有割地求和的事。现在一支箭都没有射出去，却急迫地放弃重要的地方。我们不能按照俄国人的要求来划定国界。俄国商人志在贸易，他们的政府到处设领事之官，是希望帮助俄国人的商贸深入到中国内地，这是通商的条件不能答应的原因。我认为，俄国人是包藏祸心，妄自揣测我国可能不想再出兵打仗，于是用全权大使来牵制地方大员。从当前的处境打算，应该先与他们谈判，委婉地把握时机。其次，与之在战场决战，以坚忍之意志求取胜利。我虽然极为衰老困倦，怎么敢不努力啊！”

皇帝以为左宗棠的话强大有力，赞许了他。完颜崇厚获罪去官。又命曾纪泽出使俄国，更改前面的约定。在这种情况下，左宗棠请命大军屯驻哈密，谋划收复伊犁。派金顺领兵越过精河，为东路军，张曜沿着特克斯河进军，为中路军，刘锦棠通过布鲁特游牧地带为西路军，并且派遣谭上连等人分别屯守喀什噶尔、阿克苏、哈密，作为后路，遥作支援。总共调遣的骑兵步兵有 4 万多人。

光绪六年（1880）四月，左宗堂用车载着棺材向肃州进军。五月，抵达哈密。俄国听说大清军队大举出动，于是增兵守卫伊犁、纳林河。另外又派出军舰到中国东部海上游弋，用来威慑京师，同一时间，天津、沈阳、山东等处皆有警情。七月，朝廷下诏让左宗棠到北京，以备咨询对策。收复伊犁之事，交由刘锦棠代理。俄国人亦慑服于我国兵威，担心关系决裂。第二年正月，清政府与俄国人的和议谈成。俄国交还伊犁，其陆海军也都罢兵。

左宗棠帅军出塞共 20 个月，新疆南北城池全都收复。

## 赏析与写作指导

### 为国尽忠不容易

左宗棠收复新疆，遇到三次内部危机。第一次内部危机是关于海防塞防的争议，以李鸿章为首的一大批朝廷重臣，主张放弃西北边疆，将国家财力集中于海防建设。这一派是官场主流，权重势大。以湖南巡抚王文韶为代表的一些官员，明确提出陆防重于海防，被称为塞防派。这些争论虽然是国家大政，但跟个人立场和私利也密切相关。因为海防由李鸿章主导（如北洋舰队），国家投资独重海防，李鸿章掌握的资金就多。左宗棠则是海防塞防并重派。一个国家有海必须有防，有塞也必须有防。

海防派提出西北塞防费钱太多，故主张放弃新疆主权。左宗棠的反驳极为有力："关陇新平，不及时规还国家旧所没地，而割弃使别为国，此坐自遗患。万一帕夏不能有，不西为英并，即北折而入俄耳。吾地坐缩，边要尽失，防边兵不可减，糜饷自若。无益海防而挫国威，且长乱。此必不可。"新疆被列强占领，青海、甘肃、蒙古就成了西北边境，难道可以放弃国防建设吗？南宋放弃大部分国土，龟缩在江南一隅，年年赔笑送礼，侵略者也没放过它。省钱之说，实属无稽之谈。幸赖朝廷支持，左宗棠的西征才能坚持下去。

跟帕夏即阿古柏的战争，实际上是中国与英帝国代理人的战争，这场战争是靠左宗棠的坚强意志和信念取胜的，刘锦棠、金顺等将领也功不可没。

左宗棠想的是乘势追击，全面收复新疆。可是接下来他又遭遇了第二次内部危机。库伦大臣主张“上言西事宜画定疆界”，意思是适可而止，不要再打了，跟侵略者划定边界即可，该送的国土就送吧。朝廷诸多大臣也认为，“西征费钜，今乌城、吐鲁番既得，可休兵”。

在这种情况下，左宗棠不得不上书力争，不光是打仗累，排除朝廷的阻力更累。令人欣慰的是，他再一次得到朝廷的支持。

那就厉兵秣马，挥师伊犁吧。正在此时，左宗棠遭遇第三次内部危机。卖国外交官完颜崇厚，擅自与俄国签订《里瓦几亚条约》，不但把伊犁一带大片国土白白送人，还搭上许多赔款，朝臣一片惊哗。

一枪没放，就将国土送人，岂有此理？左宗棠上奏，据理力争。“武事不竞之秋，有割地求和者矣。兹一矢未加，遽捐要地，此界（国界）务之不可许者也。俄商志在贸易，其政府即广设领事，欲藉通商深入腹地，此商务之不可许者也。臣维俄人包藏祸心，妄忖吾国或厌用兵，遂以全权之使臣牵制疆臣。为今之计，当先之以议论，委婉而用机，次决之以战阵，坚忍而求胜。臣虽衰慵无似，敢不勉旃。”

左宗棠的进军计划受到鼓励。本来是为国卖命，国家应该感谢他的，如今变得他要感谢朝廷。因为朝廷毕竟在帮他排除干扰。

左宗棠给自己准备好一口棺材，架上车，伴随着棺材向西进发。为国捐躯的决心昭彰天下。他已经训练了 4 万人的军队，完全是决一死战的架势。

俄国人也大动干戈，“增兵守伊犁、纳林河，别以兵船翔海上，用震撼京师，同时天津、奉天、山东皆警”。东边海军，西边陆军，志在必得。就在左宗棠入朝商议时，俄国人动摇了。因为如果清政府跟左宗棠是一条心，凝成了志在必得的国家意志，俄国人就不得不考虑让步。外交舞台上，从来都是强者恒强。“俄亦慑我兵威，恐事遂决裂。明年正月，和议成，交还伊犁，防海军皆罢。”俄国人东西两边的嚣张气焰终于收敛了，伊犁由是收复。

为国尽忠不容易啊，多少人拽着你缠着你，不让你动弹，只许你跟他一样卖国，或者跟他一样昏昏沉沉地混日子。

左宗棠入疆 20 个月，收复了新疆全境。这在逢洋必败、丢掉大片江山和主权的清末，几乎是不可想象的。左宗棠凭着他强烈的爱国激情和超迈卓越的才华，办成了本来不可想象的大事。他为我中华收复了六分之一的国土。

如果清末至民国，政治领袖和佐臣全都像左宗棠一样具有坚不可摧的国家意志，中国之败，会如此悲惨吗？纵使大势倾圮，总还是有人为空间吧。

延伸知识

## 英国黑手伸进新疆的企图破灭

那时候，英国是头号殖民帝国，坚船利炮屠戮全世界。它不但长期占领印度，而且还派军队侵入西藏，企图把西藏变成自己的殖民地。

中亚虽然十分落后，英国人也想占尽一切便宜，从中东到中亚，它都在打主意。为了跟俄国争夺中亚的地盘和利益，英国人没少动心思。

帕夏（阿古柏）的老地盘（在今乌兹别克斯坦境内）被俄国人占领了，无家可归了，英国人正好可以用他作为遏制俄国人的工具。于是英国人支持他到中国境内建立政权，与俄国人相抗衡。

没想到清朝有个汉官名叫左宗棠，还真是条汉子，硬是把阿古柏给消灭掉了。可以说这是西方侵略中国的百年殖民史上，继林则徐销烟之后，第二次遭遇挫折，其他每次得手都是何等顺利啊。可见，让真正的英雄豪杰官居国家的关键岗位，对国家是多么重要。假如没有太平天国运动逼得清政权被迫起用民间豪杰，左宗棠一辈子不过是一个怀才不遇的乡村私塾先生。那么，新疆那 100 多万平方公里的国土，早就落入他人之手了。

贤者在位，是国家兴旺的保证。贤者在野，必定是妖孽在位，这是国家灭亡的先兆，自古而然。

副课文

## 财聚人散

财聚于上，是谓国之不祥。不幸而有此，与其聚于人主，无宁聚于大臣。

昔殷之中年，有乱政同位，具乃贝玉，总于货宝，贪浊之风亦已甚矣。有一盘庚出焉，遂变而成中兴之治。及纣之身，用乂雠敛（chóu liǎn，重赋），鹿台（商纣王宫苑建筑）之钱，钜桥（商纣王粮库）之粟聚于人主，而前徒倒戈，自燔之祸至矣。

故尧之禅舜，犹曰："四海困穷，天禄永终。"而周公之系《易》，曰："涣，王居无咎。"《管子》曰："与天下同利者，天下持之；擅天下之利者，天下谋之。"

呜呼！崇祯末年之事，可为永鉴也已。后之有天下者，其念之哉！

唐自行两税法以后，天下百姓输赋于州府，一曰上供，二曰送使，三曰留州。及宋太祖乾德三年，诏诸州支度经费外，凡金帛悉送阙下，无得占留。自此一钱以上皆归之朝廷，而簿领纤悉特甚于唐时矣。然宋之所以愈弱而不可振者，实在此。

昔人谓古者藏富于民，自汉以后，财已不在民矣，而犹在郡国，不至尽辇京师，是亦汉人之良法也。后之人君知此意者鲜矣。

自唐开成初，归融为户部侍郎兼御史中丞，奏言:“天下一家，何非君土？中外之财，皆陛下府库。”而宋元祐中，苏辙为户部侍郎，则言:“善为国者，藏之于民；其次藏之州郡；州郡有余，则转运司常足；转运司既足，则户部不困。自熙宁以来，言利之臣不知本末，欲求富国，而先困转运司；转运司既困，则上供不继；上供不继，而户部亦惫矣。两司既困，虽内帑（tǎng，国库钱财）别藏积如丘山，而委为朽壤，无益于算也。”

是以仁宗时富弼知青州，朝廷欲辇青州之财入京师，弼上疏谏。金世宗欲运郡县之钱入京师，徒单克宁（徒单克宁为人名）以为如此则民间之钱益少，亦谏而止之。以余所见，有明之事，尽外库之银以解户部，盖起于末造，而非祖宗之制也。

——〔清〕顾炎武《日知录·卷十二》

## 思考与训练

1. 假如左宗棠对于收复新疆没有铁一般的决心，没有多次以命相搏，清政府有没有收复新疆的可能？

2. 假如在历次反侵略战争中，政府官员都能像左宗棠这样具有坚不可摧的意志和信念，中国从清末到民国，会不会败得那么惨？

3. 细读副课文《财聚人散》，回答下列问题。

（1）有人主张藏富于民，有人主张敛财于朝。你认为作者顾炎武持什么样的主张？

（2）历史上有的朝代藏富于民，有的朝代敛财于朝。顾炎武认为，哪些朝代藏富于民，哪些朝代敛财于朝？

# 子部

# 第十六课　圣人忧劳百姓

《淮南子》

本文探讨君权的来源，以及如何才具有合法性。对君王的思想境界和行为表现，提出了明确的、根本性的要求：齐一天下。对杰出的君王发出了由衷赞叹：圣人（君王）之忧劳百姓甚矣。

## 人物故事

刘安（前179—前122）：西汉思想家、文学家、道家学派学者。汉高祖刘邦之孙，后承袭父亲刘长爵位，成为淮南王。刘安学博才高，擅长为文。他招揽宾客方士数千人，选其秀杰者撰写《淮南子》。《淮南子》具有绚丽多姿的文采，呼吸宇宙、吞吐河山的宏阔气势，思想博大，哲理精深，是我国思想史上划时代的巨著。刘安还是中国豆腐的发明人，也是世界上最早的尝试热气球升空者。刘安反对汉武帝用兵，自己却积聚金钱，制作战争装备，拉拢朝廷重臣，日夜跟亲信研究军事地图，暗中进行叛乱部署。事败露后受到朝廷大力镇压，刘安畏罪自杀。

## 主课文

古之立帝王者，非以奉养其欲也；圣人践位者，非以逸乐其身也。为天下强掩弱，众暴寡，诈欺愚，勇侵怯，怀知而不以相教，积财而不以相分，故立天子以齐一[1]之。为一人聪明而不足以遍照海内，故立三公九卿以辅翼[2]之。绝国[3]殊俗、僻远幽间之处，不能被德承泽[4]，故立诸侯以教诲之。是以地无不任，时无不应，官无隐事[5]，国无遗利。所以衣寒食饥[6]，养老弱而息劳倦也。

是以圣人不高山，不广河[7]，蒙耻辱以干世主[8]，非以贪禄慕位，欲事起天下之利，而除万民之害[9]。盖闻传书曰："神农憔悴，尧瘦臞[10]，舜霉[11]黑，禹胼胝[12]。"由此观之，则圣人之忧劳百姓甚矣。故自天子以下至于庶人，四胑[13]不动，思虑不用，事治求赡者，未之闻也。

（选自《淮南子·修务训》）

## 注释

[1] 齐一：统一。

[2] 辅翼：辅佐。

[3] 绝国：远国。

[4] 不能被德承泽：不能够受到天子的德行、恩惠和教化。

[5] 官无隐事：官无隐病失职之事。

[6] 衣（yì）寒食（sì）饥：使寒者有衣，使饥者有食。衣、

食皆为动词。

［7］不高山，不广河：不以山为高，不以河为宽。

［8］干世主：接近掌握天下权柄者。干，谋取。

［9］欲事起天下之利，而除万民之害：想致力于为国谋利，为民除害。事，致力于。起天下之利，除万民之害，系骈句对举，“而”字为多余。

［10］臞（qú）：瘦。

［11］霉：因潮湿肮脏而生长的真菌类低等植物，常寄生在食物、衣服的表面。

［12］胼胝（pián zhī）：俗称老茧。皮肤长期受压和摩擦而引起的皮肤局部扁平角质增生。

［13］四胑（zhī）：同“肢”，四胑即四肢。

## 参考译文

古代拥立帝王，不是为了奉养其物欲；圣人登上君位，也不是为了自身的安逸享乐。因为天下出现以强凌弱、以多欺少、以诈骗愚、以勇侵怯、满腹才学不肯教导他人、满堂财富不肯接济他人的现象，于是大家拥立帝王以使天下团结平等。帝王一人的才智不足以遍及天下，所以就立三公九卿辅佐他。遥远偏僻地区无法承受到天子的德行恩惠，就分封诸侯以教化他们。由此可以做到地力无不利用，天时无不协调，官吏无失职之事，国家无遗失之利。饥寒之民可得温饱，老弱病残可得赡养，劳累疲倦者可得歇息。

圣人不以山高河宽为苦，甘愿受辱来接近君王，谋求信任，并非为了贪图利禄，仰慕权位，而是一心想致力于为国谋利、为民除害。古书上说："神农憔悴，尧帝清瘦，舜帝脏黑，禹帝满手老茧。"由此看来，圣人为百姓劳心劳力实在辛苦。从天子到庶民，大家都不费力、不费心，就能风调雨顺、丰衣足食，天下哪有这等便宜事啊。

## 赏析与写作指导

### 君权来自何处?

读古文，并非把文章背下来就算成功。还有两点必须认真对待。一是文章的语感与美感，要体会语言气韵之美和文章之美。二是理解文中的文化观念，也就是思想。

体会古人的语感和美感，有五到十年的训练即可，然后能享用一辈子。理解其文化观念和思想，则是一辈子的追求。你追求得越卖力，你自己就成长得越迅速，发展得越高远。

本课《圣人忧劳百姓》，就得充分关注其思想。它既像《墨子》言论，也像《孟子》思想。"古之立帝王者，非以奉养其欲也；圣人践位者，非以逸乐其身也。为天下强掩弱，众暴寡，诈欺愚，勇侵怯，怀知而不以相教，积财而不以相分，故立天子以齐一之。""圣人之忧劳百姓甚矣。"从道家著作中能读到此等言论，可谓深受感动。老百姓尤其会为此感到温暖。

本课是《淮南子·修务训》第二章，其第一章针对神农、尧、舜、禹、汤五圣事迹，总结说："夫圣人者，不耻身之贱，而愧道之不行；不忧命之短，而忧百姓之穷。"与本课精神一脉相通。《修务训》所论，实际上是君权来源和君权合法性的问题。此等论述，在中国古代文献中至为宏富。

《墨子·尚同上》指出："天下之所以乱者，生于无政长（君王）。是故选天下之贤可者，立以为天子。天子立，以其力为未足，又选天下之贤可者，置立之以为三公。天子、三公既以立，以天下为博大，远国异土之民，是非利害之辩，不可一二而明知，故画分万国，立诸侯国君。诸侯国君既已立，以其力为未足，又选择其国之贤可者，置立之以为正长（行政长官）。"可见，天子的诞生，取决于民众的需求。天子的诞生方式，则是民众挑选贤能者为之。这就从起源上论证了"君权民授"的道理。

所选君王不称职怎么办？那就重新选。所以《墨子·尚贤上》强调："官无常贵，而民无终贱。有能则举之，无能则下之。"无德无能就得"下"，关键这个"下"是使动用法，是由人民使"之""下"。这是多么质朴的愿望。此种思想源远流长，在中国历史中根深蒂固。宋太宗《戒石铭》指出："尔俸尔禄，民脂民膏，下民易虐，上天难欺。"谁不好好为人民服务，人民就有权把谁"下"掉。

孟子强调君权乃"天与之"，颇合古人"君权神授"的表述方式。然而孟子同时指出："使之主祭而百神享之，是天受之；使之主事而事治，百姓安之，是民受之也。天与之，人与之。"在此表述中，"人（民）与之"和"天与之"具有同等权威。也就是各占一半决策权。然而天所拥有的那一半决策权，以什么为依据呢？孟子指出："天视自我民视，天听自我民听。"（上天所见来自我们老百姓所见，上天所听来自我们老百姓所听。）原来天意取决于民意。归根结底，是天下兆民决定着谁可以担任君王（见《孟子·万章上》）。

自有帝王以来，天下百家圣贤，都在设法限制帝王的权力，提高帝王的境界，告诫他们要怎样做一个悉心为民的好帝王。还时不时地威胁说，你的权力是人民给的，若不能为民尽职，不能忧劳百姓，奉献庶民，人民就会把你"下"了。就连以道家思想为主导的《淮南子》，对于帝王问题也有这么强烈的关注，这么深刻的思考，可见中国的政治哲学多么发达，多么光明广大。

其实，墨子也罢，孟子也罢，刘安及其门客也罢，对于业已控制国家命运的帝王及其食利集团，谁也没能力把帝王"下"了。圣贤群体长期这样说，只是为了建构一套凌驾于王统之上的道统，以期把帝王的思想和行为引导到于民有利的轨道上来。

历代圣贤还有一个倾向，极尽赞美过往帝王如何大公无私、仁政爱民。三皇五帝是榜样中的榜样，不必多言。后世君王诸如商汤文武、齐桓晋文，也是表率中的表率。圣贤树立这样的榜样，都是期望当世君王和未来君王向他们看齐。儿童教育中有一种“鼓励教育说”，认为好孩子都是夸出来的，俗称“戴高帽”。“圣人（君王）之忧劳百姓甚矣。”这帽子可够高的了。我们孔孟大圣和诸子百家，都希望未来的君王一个比一个更好，都能“忧劳百姓”。其肝其胆，光昭日月。

**延伸知识**

## 淮南王与淮南国

淮南王就是淮南国的王。淮南国是何国？处在何地？

淮南国指汉初一个国中之国。本来秦始皇统一中国，全部推行郡县制，就不存在诸侯国了。可是秦祚夭亡，楚汉均无力马上填补此权力空间，只好分封诸侯，联手维持局面。项羽封王十八，刘邦也曾封八王。淮南国由此诞生。项羽为了挽救西楚覆亡，于前 206 年，置九江国，封英布为九江王。属地在今安徽、江西和湖北东部一带，都城为六（lù，今安徽六安）。

汉王刘邦节节胜利，趁势拉拢英布，竟然成功。九江国一夜之间变成了汉王的势力范围。汉四年（前 203），刘邦将九江国改称淮南国，封英布为淮南王，辖九江、庐江、衡山、豫章四郡，仍都六。这是首置淮南国。汉十一年（前 196），高后诛杀淮阴侯韩信、梁王彭越。英布内心恐惧，起兵反汉，被汉朝所灭，淮南国除。

英布既殁，刘邦便封小儿子刘长为淮南王，都寿春（今安徽寿县），辖九江、庐江、衡山、豫章四郡。文帝时期，刘长阴谋叛乱，事泄被拘捕流放，途中绝食而亡。

文帝前元十一年（前 169），改封城阳王刘喜为淮南王。十五年（前 165），复置城阳国，刘喜受领城阳，淮南国被废除。

刘长死后，汉文帝一直怜之，无以释怀。前 164 年，文帝将淮南国一分为三：淮南、衡山、庐江，分别封给刘长的三个儿子。刘安作为刘长的长子，继任淮南王，都寿春。

刘安广招门客和学士，在这里完成了一系列著作的撰写，其中集体创作的《淮南子》，具有深远的历史影响。《淮南子》虽然主要传承道家学说，但从汉代班固《汉书·艺文志》，到清代纪晓岚《四库全书》，都将其列为杂家类，可见大家都注意到，它掺杂着先秦各家思想。

前 122 年，即汉武帝元狩元年，刘安因筹备谋反，事泄自杀。淮南国从此废除，改为九江郡。

副课文

## 朱元璋善待陈友谅家族

翌日复战，自辰至午，友谅军大败。友谅欲退保鞋（xié）山，太祖已先扼湖口，邀（拦截）其归路。持数日，友谅益困，久之乏食，突围出湖口。诸将自上流邀击之，大战泾江口。汉军且斗且走，日暮犹不解。友谅从舟中引首出，有所指捻，骤中流矢，贯睛及颅死。军大溃，太子善儿被执。太尉张定边夜挟友谅次子理，载其尸遁还武昌。友谅豪侈，尝造镂金床甚工，宫中器物类是。既亡，江西行省以床进。太祖叹曰："此与孟昶七宝溺器何鞻异！"命有司毁之。友谅僭号凡四年。

子理既还武昌，嗣伪位，改元德寿。是冬，太祖亲征武昌。明年二月再亲征。其丞相张必先自岳州来援，次洪山。常遇春击擒之，徇于城下。必先，骁将也，军中号"泼张"，倚为重。及被擒，城中大惧，由是欲降者众。太祖乃遣其故臣罗复仁入城招理。理遂降，入军门，俯伏不敢视。太祖见理幼弱，掖之起，握其手曰："吾不汝罪也。"府库财物恣理取，旋应天，授爵归德侯。

友谅之从徐寿辉也，其父普才止之。不听。及贵，往迎之。普才曰："汝违吾命，吾不知死所矣。"普才五子：长友富，次友直，又次友谅，又次友仁、友贵。友仁、友贵前死鄱阳。太祖平武昌，封普才承恩侯，友富归仁伯，友直怀恩伯，赠友仁康山王，命所司立庙祀之，以友贵祔。理居京师，邑邑出怨望语。帝曰："此童孺小过耳，恐细人蛊惑，不克全朕恩，宜处之远方。"洪武五年，理及归义侯明升并徙高丽，遣元降臣枢密使延安答理护行。赐高丽王罗绮，俾善视之。亦徙普才等滁阳。

——《明史·陈友谅传》

## 思考与训练

在充分熟悉课文和【赏析与写作指导】板块中《君权来自何处？》内容之后，用现代汉语翻译《墨子》下面的一段话。

> 天下之所以乱者，生于无政长。是故选天下之贤可者，立以为天子。天子立，以其力为未足，又选天下之贤可者，置立之以为三公。天子、三公既以立，以天下为博大，远国异土之民，是非利害之辩，不可一二而明知，故画分万国，立诸侯国君。诸侯国君既已立，以其力为未足，又选择其国之贤可者，置立之以为正长。

______________________________________________

______________________________________________

______________________________________________

# 第十七课　盗阴阳

《列子》

舜与烝讨论天道，国氏与向氏讨论天道与人道。人是天地大化的一部分，人的生命即是太虚阴阳之气化育而成，只是宇宙大生命的具体而微和承载者。人道只有顺从适应天道才能有益于人类生存。如果违逆天道，一味膨胀私心邪念，那就只能自辱自灭。

## 人物故事

列子（约前450—前375）：名寇，又名御寇，周朝郑国圃田（今河南郑州）人。道家学派代表人物，先秦天下十豪之一，著名思想家、哲学家、文学家、教育家。其学说本于黄帝、老子，创立先秦哲学贵虚学派（列子学），著有《列子》。该书保存了远古以来的神话传说、世界观、宇宙观、社会风貌、艺术史等众多先秦史料，对后世哲学、文化、艺术、社会思想发展具有深远影响，对《庄子》影响至大。

## 主课文

舜问乎烝[1]曰："道可得而有乎？"曰："汝身非汝有也，汝何得有夫道？"舜曰："吾身非吾有，孰有之哉？"曰："是天地之委形也。生非汝有，是天地之委和也。性命非汝有，是天地之委顺[2]也。孙子[3]非汝有，是天地之委蜕[4]也。故行不知所往，处不知所持，食不知所以。天地强阳[5]，气也，又胡可得而有邪？"

齐之国氏大富，宋之向氏大贫。自宋之齐，请其术。国氏告之曰："吾善为盗。始吾为盗也，一年而给[6]，二年而足，三年大穰[7]。自此以往，施及州闾。向氏大喜，喻其为盗之言，而不喻[8]其为盗之道。遂踰垣[9]凿室，手目所及，亡不探也。未及时，以赃获罪，没其先居之财[10]。向氏以国氏之谬己[11]也，往而怨之。国氏曰："若为盗若何[12]？"向氏言其状。

国氏曰："嘻！若失为盗之道至此乎？今将告若矣。吾闻天有时，地有利。吾盗天地之时利，云雨之滂润[13]，山泽之产育，以生吾禾，殖吾稼，筑吾垣，建吾舍。陆盗禽兽，水盗鱼鳖，亡非盗也。夫禾稼、土木、禽兽、鱼鳖，皆天之所生，岂吾之所有？然吾盗天而亡殃。夫金玉珍宝，谷帛财货，人之所聚，岂天之所与？若盗之而获罪，孰怨[14]哉？"

向氏大惑，以为国氏之重罔己[15]也。过东郭先生[16]问焉。东郭先生曰："若一身庸非[17]盗乎？盗阴阳之和以成若生，载若形；况外物而非盗哉？诚然，天地万物不相离也；仞[18]而有之，皆惑也。国氏之盗，公道也，故亡殃；若之盗，私心也，故得罪。有公私者，亦盗也；亡公私者，亦盗也。公公私私[19]，天地之德。知天地之德者，孰为盗邪？孰为不盗邪？”

（选自《列子·天瑞》）

注释

[1] 烝（chéng，zhēng）：有人认为当读 chéng，同“丞”，指帝王辅佐。

[2] 委形、委和、委顺：给予形、给予和、给予顺。委，给予。和，阴阳凝聚而成的中和之气。顺，阴阳凝聚而成的顺化之气。

[3] 孙子：子孙。

[4] 委蜕：天地给予你蜕变的能力。

[5] 强阳：按规律运动。

[6] 一年而给（jǐ）：一年即可供应自己所需。

[7] 大穰（ráng）：庄稼大丰收。

[8] 喻：了解。

[9] 踰垣(yú yuán)：越过墙。踰，即“逾”，越过。垣，墙。

[10] 先居之财：为盗之前所积蓄的钱财。居，积蓄。

[11] 谬己：欺诈我。

[12] 若为盗若何：你为盗是如何做的？前一个“若”字，指你。

[13] 滂（pāng）润：浇灌。

[14] 孰怨：怨谁。孰，谁。

［15］重罔己：再一次欺骗我。罔，欺骗。

［16］过东郭先生：拜访东郭先生。过，登门访问。

［17］庸非：岂不是，难道不是。

［18］仞：通“认”。辨识，承认。

［19］公公私私：公其公，私其私。把公有认作共有，把私产视为私产。前一个“公”和“私”都为动词。

## 参考译文

舜问烝说：“天下大道可以获得并据为己有吗？”烝回答说：“你的身体都不是你所据有的，怎么能据有道呢？”舜问：“我的身体不归我所有，那谁据有它呢？”烝回答说：“你的身体是天地把形体给予你的。你的生命不归你所有，是天地把中和之气给予你的。性命不归你所有，是天地把顺化之气给予你的。子孙也不归你所有，是天地把蜕变的生机给予你的。所以你行走不知要去哪儿，居住不知要持守何物，吃饭不知要何滋味。天地运动不息，全是气在推动，天地间的万物又怎能获得并据有呢？”

齐国的国氏特别富有，宋国的向氏特别贫穷。向氏从宋国到齐国，向国氏请教致富之道。国氏告诉他：“我善于偷盗。我开始偷盗时，一年就够自用，二年便很富足，三年就庄稼大熟，家资丰赡。此后还能施舍州里乡亲。”

向氏听了大喜。但他只明白国氏偷盗的话，却不明白国氏偷盗之道。他跳墙打洞，凡手触眼见者，全都窃取。不多久便犯赃，被问罪，还被没收了先前积蓄的财产。向氏认为国氏欺骗自己，便去找国氏抱怨。国氏问："你是怎样偷盗的？"向氏叙述其偷盗之法。

国氏说："唉！你的偷盗之法，竟然错得这么离谱。现在我告诉你吧。我听说天有时令，地有物利。我偷盗天的时令和地的物利，如云雨的滋润、山泽的特产，都用来催生我的禾苗，繁殖我的庄稼，夯筑我的围墙，建造我的房舍。在陆上偷盗禽兽，在水中偷盗鱼鳖，无所不盗。这些禾苗、庄稼、土地、树木、禽兽、鱼鳖，皆苍天所生，难道是我本有的？然而我偷盗天的东西却无灾殃。至于金玉珍宝、谷布财物，是别人所生产、积聚，岂是天给予你的呢？你偷盗他人财物而获罪，又能怨谁呢？"

向氏很困惑，以为国氏又在欺骗自己。他去造访东郭先生，向他请教。东郭先生说："你整个人身难道不都是偷盗来的吗？偷盗阴阳中和之气来成就你的生命，构成你的形体，又何况身外之物，哪一样不是偷盗而来的呢？的确，天地和万物乃是不能完全分开的，把它们认作己有，那是糊涂的想法。国氏之盗，是公道，所以无灾殃；你的偷盗，是私心，所以被问罪。区分公物私产，也是偷盗，不区分公物私产，也是偷盗。把公有认作共有，把私产视为私产，这是天地大德。明白天地大德，还有谁是偷盗者呢？又有谁不是偷盗者呢？"

**赏析与写作指导**

## 一个富翁的天道智慧

本文两个故事彼此独立，但在人道与天道的关系上，二者甚是一致，都认为万物是阴阳二气运化而成，故名曰《盗阴阳》。在茫茫宇宙中，人只是一个受造物，身非汝有，“是天地之委形也。生非汝有，是天地之委和也。性命非汝有，是天地之委顺也。孙子非汝有，是天地之委蜕也”。如此简洁，就把人类的小生命与宇宙的大生命的关系阐述得十分精辟生动了。

人的生命既是天道所赐，也必须借助天道才能得到发展。国氏是个明道智者，深通此理，于是与天地大化相和谐，活得甚为滋润。“吾闻天有时，地有利。吾盗天地之时利，云雨之滂润，山泽之产育，以生吾禾，殖吾稼，筑吾垣，建吾舍。陆盗禽兽，水盗鱼鳖，亡非盗也。夫禾稼、土木、禽兽、鱼鳖，皆天之所生，岂吾之所有？然吾盗天而亡殃。”国氏所为，必须付出艰辛的劳动，然而这劳动也跟宇宙大生命永恒不息的运动相协调，成为生命之美的一部分。

向氏不明此道，故陷溺贫穷和灾祸之中。人虽是受造物，但只要付出智慧和艰辛，就可创造出理想的生活。

古人讲天人感应，本课用寓言故事体现了这一观念。

延伸知识

## 郑和的豪礼与利剑

郑和七下西洋，跟张骞通西域一样，是中国历史上的大事。今人乐于渲染郑和船队的和平特征，也有正确的一面。郑和下西洋没有半点掠夺他人财富的动机，只是带着大量礼物，沿途赠送赏赐，跟各国建立友好关系。而西方海盗哥伦布，其船队出发就是为了到中国苏州杭州一带抢劫。到美洲之后，他们沿途烧杀抢掠，把古巴岛上那些贫穷的印第安人当作杭州郊区的贫民，基本杀光。郑和船队和哥伦布船队，其不同动机、不同作为，实在是东亚华夏和欧洲白人两个种族不同种性、不同文化的具体而微。

但是，郑和既是带有豪礼的和平使者，也是一个手握重兵的集团军司令。《明史卷·郑和传》明确记载，郑和率领着“士卒二万七千八百余人”，这是一个集团军的规模。郑和的近 3 万将士，分乘 260 艘军舰，这是当时地球上唯一一个强大的海军编队，其旗舰“长达四十四丈，宽达十八丈，排水量八百吨”。当时地球上所有其他国家，别说造这么大的船，连想都没想过。

船上除了 3 万军人，还有大量军马。这些兵马就是大明帝国的利剑，它操在集团军司令郑和的手中。

郑和的船队没有屠杀异族的意图，但也具有制止别人屠杀他们的实力。那些豪礼才能起到协和番邦的作用，否则只能成为别人抢劫的赃物，与国家外交，与建构中华朝贡制度和贡赋贸易体系，毫不相干。

郑和来到南海区域，招抚占领马六甲海峡的酋长陈祖义。陈祖义的抢劫涉及日本、琉球、中国、越南、菲律宾、暹罗、苏门答腊、爪哇等整个东亚地区，明朝政府一直明令悬赏 50 万大洋通缉此人。郑和驾到，立即设法招抚之。陈祖义一边与郑和周旋，一边周密部署劫持整个郑和船队。这可是他从来没见过的巨量财富啊。然而，能斗过以大明王朝为后台的集团军司令郑和的人还没出现。郑和消灭了陈祖义的武装，将陈祖义逮捕归案，为东亚商民除了一大害，深得人心。两年后回国时将陈祖义带到北京，由大明政府对陈祖义执行了死刑。

郑和船队越过马六甲海峡，来到锡兰山岛国（今斯里兰卡）。国王亚烈苦奈儿得到一份豪礼之后，贪心大发，想占有郑和携带的全部金银财宝，于是派大军去海边劫掠船队。郑和总司令率领 2000 名中国士兵，占领了锡兰山首都，活捉了亚烈苦奈儿国王。劫船的军队赶紧撤离海边，前来援救首都。郑和部队把他们拦在路上，全部消灭了。郑和把国王一干俘虏带回北京，献给朝廷。大明朝廷法外施恩，又将他们全都释放回国去了。

郑和的反击是对的，逮捕匪首向朝廷献俘也是对的，朝廷释放匪首当然同样是对的。好人掌握利剑，既不是要侵略别人，也不是要把侵略你的人赶尽杀绝，而是要掌握国际斗争的主动权和控制权，这是我们华夏民族所特有的伟大度量。

## 元相纳哈出归降大明

洪武十一年夏，故元太子爱猷识理达腊卒，太祖自为文，遣使吊祭。子脱古思帖木儿继立。其丞相驴儿、蛮子哈剌章、国公脱火赤、平章完者不花、乃儿不花、枢密知院爱足等，拥众于应昌、和林，时出没塞下。太祖屡赐玺书谕之，不从。

十三年春，西平侯沐英师出灵州，渡黄河，历贺兰山，践流沙，擒脱火赤、爱足等于和林，尽以其部曲归。冬，完者不花亦就擒。明年春，徐达及副将军汤和、傅友德征乃儿不花，至河北，袭灰山，斩获甚众。

时王保保已先卒，诸巨魁多以次平定，或望风归附，独丞相纳哈出拥二十万众据金山，数窥伺辽。二十年春，命宋国公冯胜为大将军，率颍川侯傅友德、永昌侯蓝玉等，将兵二十万征之，还其先所获元将乃剌吾。胜军驻通州，遣蓝玉乘大雪袭庆州，克之。夏，师逾金山，临江侯陈镛失道，陷敌死。乃剌吾（人名）归，备以朝廷抚恤恩语其众，于是全国公观童来降。

纳哈出因闻乃剌吾之言已心悸，复为大军所迫，乃阳使人至大将军营纳款（归顺），以觇（chān）兵势。胜遣玉往受降。使者见胜军还报，纳哈出仰天叹曰：“天弗使吾有此众矣。”遂率数百骑诣玉纳降。已，将脱去，为郑国公常茂所伤，不得去。都督耿忠遂以众拥之见胜，胜重礼之，使忠与同寝食。先后降其部曲二十余万人，及闻纳哈出伤，由是惊溃者四万人，获辎重畜马亘百余里。胜班师，都督濮英以三千骑殿，为溃卒所邀（拦截）袭，死之。

秋，胜等表上纳哈出所部官属二百余人，将校三千三百余人，金银铜印一百颗，虎符牌面百二十五事，马二百九十余匹，称贺。太祖封纳哈出为海西侯，先后赐予甚厚，并授乃剌吾千户。

——《明史·列传第二一五·外国八鞑靼》

## 思考与训练

1. 国氏为盗与向氏为盗有何根本差异？请先将描写他们为盗方式与结果的文字找出来，填写在下面，然后总结一下二人观念的差异。

国氏为盗方式：

向氏为盗方式：

国氏为盗结果：

向氏为盗结果：

二人观念差异：

______________________________

______________________________

______________________________

2. 请在下面括号中填写后边行为的主语。

十三年春，西平侯沐英师出灵州，（　）渡黄河，（　）历贺兰山，（　）践流沙，（　）擒脱火赤、爱足等于和林，（　）尽以其部曲归。冬，完者不花亦就擒。明年春，徐达及副将军汤和、傅友德征乃儿不花，（　）至河北，（　）袭灰山，（　）斩获甚众。

# 第十八课 参井田均田之法

〔明〕解缙

本课从土地制度、教育制度、作息制度、互助制度等多方面，描述了一幅理想的田园牧歌画卷，颇有古代社会主义气息。

## 人物故事

解缙（1369—1415）：字大绅，一字缙绅，号春雨、喜易，庐陵吉水（今江西吉水县）人。洪武二十一年（1388）与兄纶、妹夫黄金华同登进士第，极受洪武帝恩宠，常侍左右。太祖在大庖西室对解缙说："朕与尔义则君臣，恩犹父子，当知无不言。"解缙因上万言书《庖西封事》，献治国大策。太祖赞解缙有安邦济世奇才。不久，又献《太平十策》，再次陈述政治见解，亦得太祖赞许。明成祖时期官至内阁首辅。解缙聪颖过人，才学出众，朝议进谏均好直言，因此屡遭贬黜，最终以"无人臣礼"下狱，被迫害致死，年仅47岁。著有《解学士集》《天潢玉牒》等；总裁《太祖实录》《古今列女传》；主持编纂《永乐大典》。

## 主课文

参井田[1]均田[2]之法，本无难事，但以为江南地狭田少，不可井治沟洫[3]，劳民而不易成。且一时动摇，令民失业，故历代纷纭，莫知适从。唐太宗[4]固有意矣，而无其臣[5]；周世宗[6]亦有志矣，而无其时[7]。则太平万世之法，固有待于今日也。

为今之计，参井田均田之法而行之，不以拘拘于方里而井[8]，劳民动众，设沟治途，而事事合古也。宜令户部会今天下丁口[9]若干，田亩若干，令民二百丁为一里，里同巷，过失相规，出入相友，守望相助，疾病相扶持，中为堂，右为塾，左为庠。推其父老年高德厚一人处于中堂，朝夕告谒而取正焉；择有文行一人居于右塾，民年八岁者入焉，教以洒扫应对、礼乐射御书数之文；一人居于左庠，民年十五者入焉，教以诗书礼乐修己治人之方，毋敢纵逸。

每丁受田若干亩，庐舍、邑居、池井、畜牧、山林、蔬果之地若干亩，树艺各随其土之所宜。一里之人，各治其私田若干亩，而共耕公田若干亩，山林畜牧之地亦如之。民年二十受田，老免及身后还田，卖买田地则有重刑。朝而毕出，各事其事，暮而毕入，习学左庠。后为中堂，妇人相聚以治女工。有地狭人稠，土地硗瘠[10]之乡，有司资以舟车，给其衣食，徙之江淮之间，闲旷之地。孰不欢然以相从哉？如此贫富何患其不均？讼词何患其不息？天下何患不治？太平万世理有必然也。先将古人井田均田、小宗之法[11]，及《小学》[12]《朱子家礼》[13]《颜氏家训》[14]《吕氏乡约》[15]《女教》[16]，及今《义门郑氏学范》[17]等书，类聚考订，刊行天下，长幼习读，有亲族异产者[18]务要即时同居共爨[19]。如有不遵，迁于化外。

（选自《皇明经世文编·太平十策》）

## 注释

［1］井田：指井田制，是中国古代社会的土地国有制度，出现于商朝，成熟于西周。北方平原地区，道路和渠道纵横交错，把土地分隔成方块，形状像“井”字，因此称“井田”。井田属天子所有，不得买卖和转让。

［2］均田：指均田制。国家将无主荒地分配给农民耕种的土地制度，用以抑制土地兼并和缓解人地矛盾。此制度自魏晋时期出现，一直延续到唐后期停止使用。

［3］洫（xù）：沟渠。

［4］唐太宗：唐朝第二个皇帝李世民（598—649），谥号太宗（626—649 年在位），是中国历史上最杰出的皇帝之一。在位 24 年，开创了贞观之治。

［5］无其臣：没有赞成并推行此政策的臣僚群体。

［6］周世宗：五代时期后周第二位皇帝柴荣（954—959 年在位）。

［7］无其时：没有合适的时代条件。

［8］方里而井：以方圆一里为一井。这是规定井的面积。

［9］丁口：成年男子为丁，所有女子和未成年男子为口。

［10］硗瘠（qiāo jí）：土地坚硬瘠薄，不宜耕种。亦作“墝埆”。

［11］小宗之法：中国古代宗法制度的一部分，天子、诸侯及其他爵位，均一代代传给嫡长子，是为大宗，非嫡长子的其他儿子绵延发展，是为小宗。

［12］《小学》：又称《朱子小学》，宋代大学者朱熹编纂的蒙学教材，核心内容是教育儿童如何处事待人、孝顺父母、尊敬长辈、洒扫应对等。

［13］《朱子家礼》：宋代大学者朱熹所著，讨论纲常伦理，礼节礼仪的著作。

［14］《颜氏家训》：诞生于南北朝时期的中国第一部家训著作，作者颜之推，是南北朝时期著名的文学家、教育家。

［15］《吕氏乡约》：又称《蓝田乡约》，北宋熙宁年间诞生于陕西汲郡蓝田吕氏家族的中国第一部乡里公约。作者吕大钧（1029—1080）是朝廷命官，丁忧期间写作《乡约》和《乡仪》，统称《吕氏乡约》。吕氏乃当地望族。吕大忠、吕大防、吕大钧、吕大临兄弟四人被称为“蓝田四贤”。四吕的著述宏富，在经学、史学、金石学、地理学、文学等方面都有成就。

［16］《女教》：当是类似于《女诫》《女论语》之类的女学著作，具体所指不详。有专家认为系《女四书》(《女诫》《女论语》《内训》《女范捷录》) 俗称，但是《内训》产生于明成祖时期，《女范捷录》产生于明末，均晚于解缙写作此文的明初朱元璋在位的洪武时期，故存疑。

[17]《义门郑氏学范》：简称《郑氏家范》，又称《郑氏规范》，是我国古代一部相当完备的家庭法典。义门郑氏居于浙江浦江感德乡仁义里，其远祖郑绮，于南宋初年同族人聚族而居，15代不变，300年不分家，鼎盛时期郑氏3000家人同锅吃饭。郑义门173人为官，官位最高者位居礼部尚书，却没有一人因贪墨而遭罢官。明洪武十八年（1385），被朱元璋赐封为“江南第一家”。其家族繁荣正派及其凝聚力，可从《郑氏规范》中找到奥秘。

[18] 异产者：不共有财产，各私其产，也即分家。解缙反对家族解体，所以特列举15代不分家的义门郑氏的家规《郑氏规范》供大家学习。

[19] 同居共爨（cuàn）：大家族聚族而居，同锅吃饭。爨，烧火做饭；烧火做饭的灶。

## 参考译文

参照古人井田制和均田制的做法治理国家，本来不是难事，只是历来执政者认为长江以南地区地势狭窄，田地面积小，不适合建设沟渠划分井田，徒使人民劳顿而不易成功。况且一时动员百姓开沟渠，会让百姓失业，所以历代只是议论纷纷，不知道该怎么办。唐太宗本来有意这么做，但是没有能贯彻执行的大臣。周世宗也有这想法，却苦于在位时间短，没有机会实施。那么，这保万世太平的大法，就只能等到今日实施了。

如今的方法，是参照井田均田的做法加以实行，不用拘泥于严格的井田划分，劳民动众，设置沟渠灌溉系统，每一步骤都跟古代一样。应该让户部把天下若干人口、若干田地聚合起来，使民众以200个成年男子为单位组织在一起，叫作里，里就和今天的巷一样，民众居住其中，有过失互相规劝，出入相互友爱，有困难互相帮助，有疾病互相扶持。里的中间设堂，右边设置书塾，左边设置庠序。由民众推举父老当中德行醇厚的人主持中堂，民众早晚都拜谒长老而汲取正气，选择一个有文化有德行的人主持右边的书塾，子弟满8岁就去里面学习，由老师教会他们洒扫应对，礼乐射御书数这些课程；选择一人主持左边的学校，子弟年满15岁就到里面学习诗书礼乐的具体知识和修己治人的方法，不让他们放纵自己，贪图安逸。

每一个成年男子授予田地若干亩，适宜做庐舍、邑居、池井、畜牧、山林、蔬果的土地若干亩，种植什么可以根据土地的具体情况而定。同一里的人，各自打理私人田地若干亩，然后共同耕种公田若干亩，山林畜牧的土地也是如此。民众年满20就可以授予田地，老了以后不能耕种了就要归还田地给国家，私自买卖田地的判重刑。民众早上起来一起出去做工，各自做各自的事情，天黑了一起回来，在学校中集体学习。后面的中堂，妇女们聚合在一起做女工。地少人多的地方，或者土地贫瘠的地方，官方资助船舶车马，给予衣服食物，将民众迁徙到江淮地区那些空闲而又宽阔的土地，这样谁不欢欣鼓舞地跟从呢？这样一来哪里还用担心贫富不均呢？哪里还用担心诉讼争端不绝呢？哪里还用担心天下得不到治理呢？这样做，万世太平自然是理所当然的啊！

首先要把古人井田均田和宗族制度的相关规定，以及《小学》《朱子家礼》《颜氏家训》《吕氏乡约》《女教》及当今的《义门郑氏学范》等书分类收集，订正讹误，然后颁布施行于天下，要求民众无论长幼一起学习研读，分家的亲族须同居同吃，如有不遵守的，就把他们迁徙到没有开化的地方。

## 赏析与写作指导

### 田园牧歌与大同理想

解缙所描述的农村生活，恬淡、和谐、仁爱、互助，充满了桃花源式的田园诗情，饱含着中国文化的价值追求和士农工商的千年憧憬。

解缙所描述的生活形态、居民关系及教化体系，简约而淳朴——

“朝而毕出，各事其事，暮而毕入，习学左庠。后为中堂，妇人相聚以治女工。”

“民二百丁为一里，里同巷，过失相规，出入相友，守望相助，疾病相扶持。”

解缙所描述的土地制度和文教制度，公平而古朴——

“每丁受田若干亩，庐舍、邑居、池井、畜牧、山林、蔬果之地若干亩，树艺各随其土之所宜。一里之人，各治其私田若干亩，而共耕公田若干亩，山林畜牧之地亦如之。民年二十受田，老免及身后还田，卖买田地则有重刑。”

“中为堂，右为塾，左为庠。推其父老年高德厚一人处于中堂，朝夕告谒而取正焉；择有文行一人居于右塾，民年八岁者入焉，教以洒扫应对、礼乐射御书数之文；一人居于左庠，民年十五者入焉，教以诗书礼乐修己治人之方，毋敢纵逸。”

这些描述让人想起两篇文章，第一篇是陶渊明所著《桃花源记》。“复行数十步，豁然开朗。土地平旷，屋舍俨然，有良田美池桑竹之属。阡陌交通，鸡犬相闻。其中往来种作，男女衣着，悉如外人。黄发垂髫，并怡然自乐。”这就是中国士农工商向往了几千年的田园生活。解缙的描述，与这段文字所述生活形态，颇有精神上的渊源关系。

第二篇是《礼记·礼运》。《礼运》借孔子之言描述了中国人世世代代向往的大同世界之面貌：“大道之行也，天下为公，选贤与能，讲信修睦。故人不独亲其亲，不独子其子，使老有所终，壮有所用，幼有所长，矜寡孤独废疾者皆有所养，男有分，女有归。货恶其弃于地也，不必藏于己；力恶其不出于身也，不必为己。是故谋闭而不兴，盗窃乱贼而不作，故外户而不闭。是谓大同。”

人们把《桃花源记》的描述称为田园牧歌，把《礼记·礼运》的描述称为大同理想，二者加起来，可以名为：社会主义。

解缙这篇《参井田均田之法》，作为一篇建立社会理想、完善政治制度的奏折，不但把《桃花源记》的田园牧歌与《礼记·礼运》的大同理想融为一体，而且还结合土地制度、文化制度的选择，为田园牧歌和大同理想的落地，设计了制度保障。“参井田均田之法”“小宗之法”“有亲族异产者务要即时同居共爨”“长幼习读《义门郑氏学范》等书”，就是从土地制度、宗法制度、家族制度、文化制度等四方面，提供了制度保障。

所以，本文是产生于明代，表达古人价值理想和社会理想的一篇社会学文献。

**延伸知识**

## 解缙作对联

解缙天资聪慧，禀赋卓异，是历史上著名的智多星。他于文成就盖世，名垂千古，于政雄才大略，位极宰辅，还特别机敏巧慧，留下了很多传世佳话。他的老家江西，关于他的传说特别多。赣方言中，解缙与“害精”谐音，江西人都把他称作害精，把许多机智的故事都安到他头上。

解缙得悉江西遭灾，百姓赋税又重，很想为江西减免赋税，又不敢直说。他于是入朝时就带了一些红糖，在院子里摆好几个字。谈完国事，他陪明太祖朱元璋到庭院散步，明太祖见地上食糖的黑蚂蚁显示为一行字，随口念道：“江西免税三年。”解缙马上跪下叩拜说：“谢皇上隆恩！”明太祖指着蚂蚁说：“我不是这意思。”解缙磕头说：“皇上金口玉言，出口成法，不可更改。”明太祖只好答应免税的要求。

解缙家大门，正对着曹大人家竹园，风光秀丽。远近闻名的神童解缙，过年时便在自家大门两边贴上一副即景春联：

门对千竿竹
家藏万卷书

曹大人不快，着人将竹林砍成一根根竹桩。解缙马上把对联改为：

门对千竿竹短
家藏万卷书长

曹大人又着人把竹桩连根挖走，解缙将对联又改为：

门对千竿竹短无
家藏万卷书长有

曹大人终于明白，解缙才智太高，自己不是对手。

第二年，竹园长满新竹，神童解缙常拿本书在竹园里诵读。一天，曹大人骑马回家，对竹园里的解缙说：“小神童，我有一妙联，你若能对上，这竹园我就送给你；若对不上，你就得认输，以后不许来竹园读书。”解缙点头。

曹大人出联：“马过木桥蹄打鼓。”

解缙母亲此时正好出来喂鸡，一把谷子撒在铜盆上，几只鸡正在使劲啄食，铜盆叮咚作响。解缙对曹大人答道："鸡啄铜盆嘴敲锣。"曹大人竖起大拇指说："妙对哉！妙对哉！这竹园日后就是你的了。"

**副课文**

## 留任留葬好知县

史诚祖，解州人。洪武末，诣阙陈盐法利弊。太祖纳之，授汶上知县，为治廉平宽简。

永乐七年，成祖北巡，遣御史考核郡县长吏贤否，还言诚祖治第一。赐玺书劳之曰："守令承流宣化，所以安利元元。朕统御天下，夙夜求贤，共图治理。往往下询民间，皆言苦吏苛急，能副朕心者实鲜。尔敦厚老成，恪共乃职；持身励志，一于廉公。平赋均徭，政清讼简，民心悦戴，境内称安。方古良吏，亦复何让。特擢尔济宁知州，仍视汶上县事。其益共乃职，慎终如始，以永嘉誉，钦哉。"并赐内酝一尊，织金纱衣一袭，钞千贯。御史又言贪吏虐民无若易州同知张腾，遂征下狱。

诚祖既得旌，益勤于治。土田增辟，户口繁滋，益编户十四里。成祖过汶上，欲徙其民数百家于胶州，诚祖奏免之。屡当迁职，辄为民奏留。阅二十九年，竟卒于任。士民哀号，留葬城南，岁时奉祀。

——《明史·列传第一百六十九·循吏》

思考与训练

1.“民年二十受田，老免及身后还田，卖买田地则有重刑”。其中“受田”是什么意思？请用文中语言回答。为什么强调“卖买田地则有重刑”？这跟“受田”是什么关系？

2.仔细阅读副课文《留任留葬好知县》，把下面句子翻译为白话文。

诚祖既得旌，益勤于治。土田增辟，户口繁滋，益编户十四里。成祖过汶上，欲徙其民数百家于胶州，诚祖奏免之。屡当迁职，辄为民奏留。阅二十九年，竟卒于任。士民哀号，留葬城南，岁时奉祀。

# 第十九课 田制一

〔明〕黄宗羲

题解

本文从土地分配问题入手，讨论税赋问题。作者主张必须轻税薄赋，反对加重劳动者税赋负担。严厉谴责“其赋之于民，不任田而任用”的暴政。

## 人物故事

黄宗羲(1610—1695)：浙江绍兴府余姚县(今隶属宁波)人，字太冲，一字德冰，号南雷，别号梨洲老人、梨洲山人等，学者称“梨洲先生”。明末清初经学家、史学家、思想家、地理学家、天文历算学家、教育家。“东林七君子”黄尊素的长子。与顾炎武、王夫之并称“明末清初三大思想家”，与陕西李颙、直隶孙奇逢并称“海内三大鸿儒”。被誉为“中国思想启蒙之父”。他提出“天下为主，君为客”的民主思想，主张以“天下之法”取代皇帝的“一家之法”，“天下之治乱，不在一姓之兴亡，而在万民之忧乐”，将国家主体锁定为人民而不是君王。他曾读尽天一阁7万册藏书，并为之编目。自己藏书也积累到7万册。学问极为渊博，一生著书50余种，300多卷，代表作有《明夷待访录》《破邪论》《明儒学案》《宋元学案》等。

## 主课文

昔者禹则壤定赋[1],《周官》[2]体国经野[3],则是[4],夏之所定者,至周已不可为准矣。当是时,其国之君,于其封疆之内,田土之肥瘠,民口之众寡,时势之迁改,视之为门以内之事也。

井田既坏,汉初十五而税一[5],文、景三十而税一,光武初行什一之法,后亦三十而税一。盖土地广大,不能缕分[6]区别,总其大势,使瘠土之民不至于甚困而已。是故合九州之田,以下下为则[7]。下下者不困,则天下之势相安,吾亦可无事于缕分区别,而为则壤经野之事也。

夫三十而税一,下下之税也。当三代之盛,赋有九等,不能尽出于下下。汉独能为三代之所不能为者,岂汉之德过于三代欤?古者井田养民,其田皆上之田也。自秦而后,民所自有之田[8]也。上既不能养民,使民自养,又从而赋之,虽三十而税,较之于古亦未尝为轻也。

至于后世,不能深原[9]其本末,以为什一而税,古之法也。汉之省赋,非通行长久之道,必欲合于古法。九州之田,不授于上而赋以什一,则是以上上为则[10]也。以上上为则,而民焉有不困者乎?汉之武帝,度支[11]不足,至于卖爵、贷假[12]、榷酤[13](估)、算缗[14]、盐铁[15]之事无所不举,乃终不敢有加于田赋者，彼东郭咸阳、孔仅、桑弘羊[16]，计虑犹未熟与？

然则什而税一，名为古法，其不合于古法甚矣。而兵兴之世，又不能守其什一者，其赋之于民，不任田而任用[17]，以一时之用制天下之赋，后王因之。后王既衰，又以其时之用制天下之赋，而后王又因之。呜呼！吾见天下之赋日增，而后之为民者日困于前。

（选自《明夷待访录·田制》）

## 注释

［1］则壤定赋：划分土地等级，确定税率。当时将九州田地，按土质分为上上、上中、上下、中上、中中、中下、下上、下中、下下共九级，按不同等级征收高低有别的税赋。

［2］《周官》：即《周礼》，记载周代官制的书籍，其内容与周代官制不完全一致，可能有理想色彩。分为《天官》《地官》《春官》《夏官》《秋官》《冬官》六篇，其中《冬官》遗失，以《考工记》代之。

［3］体国经野：把都城划分为若干区域，由官宦贵族和匠人奴仆分别居住，把乡野土地分配给贵族领有或分配给农人耕作。泛指治理国家。体，划分。国，都城。经，丈量。野，田野。

［4］则是：那么。《孟子·梁惠王下》："臣闻郊关之内，有囿方四十里，杀其麋鹿者如杀人之罪。则是方四十里，为

阱于国中。”

[5]十五而税一：政府征收土地收成的十五分之一作为赋税。

[6]缕分：分析。

[7]以下下为则：以土质最差田地的收成制定收税标准。

[8]自有之田：秦汉铁器普及，士民得以开垦许多私田。

[9]原：探究。

[10]以上上为则：以最佳田地的收成为标准确定税率。

[11]度支：经费开支。

[12]贷假：借贷。

[13]榷酤（què gū）：古代官府酒专卖制度，也泛指一切管制酒业以取税利的措施。榷，专卖。酤，酒，买卖酒。

[14]算缗（mín）：对商人、手工业者、高利贷者和车船所征的赋税，课税对象为商品或资产，“缗钱”为货币和计税单位，1缗为1贯（1000钱），一算为120钱。算，核计。缗，穿铜钱的绳子，指代钱。

[15]盐铁：指国家垄断盐和铁的买卖，以增加税利。

[16]东郭咸阳、孔仅、桑弘羊：汉代朝廷掌管财政的官员。

[17]不任田而任用：确定税率税额时，不是按照田地的出产来征税，而是按照国家支出所需来征税。

## 参考译文

远古的大禹划分土地等级，确定高低有别的赋税标准，《周礼》说到划分都城区域、分配乡野田地。按照夏代土地制度和赋税制度，周代已不能用作标准。那时，诸侯各国，都将其封国之内土地肥薄、人口多寡及其变迁，看作门庭之内的家事。

后来，井田制度崩溃，汉初十五而税一，汉文帝、汉景帝三十而税一。光武帝刘秀初行十而税一，后来也是三十而税一。因为国家疆域太大，不能仔细区分田地肥薄，只能把握大概情形，使瘠土薄田之民不至于交税太多而困窘。所以总合九州田地，以下下等田地的收成作为税赋基数。下下等田地之民不因税致贫，社会形势就能安稳，君王也不用为区分土地等级分别征税，而陷溺于琐屑的事务中。

三十而税一，是最低标准的税率。即使在夏商周三代，税赋也分为九等，不能按最低标准收税。唯独汉代却能做到三代所做不到的事，难道是汉代的德政超过三代吗？其实，三代以井田制度养民，井田都是上上肥田，由国家授予耕种者。自秦以后，田地都是国人自垦自有。朝廷已经不能养民，使民自养，还要征收赋税，虽然只有三十分之一，与三代相比未必很轻。

至于后世，不能深入探究税制背后的土地制度奥秘，以为十一税就是古代的赋税标准。汉代降低赋税标准，难于长期实行，必须恢复到三代十一税的古制。耕者的田地，并非国家授予，却要执行十一税税率，这是按照上上田地的出产作为赋税依据。以上上田地为征税依据，税民哪能不致贫致困呢？汉武帝时期，经费不够开支，增加了卖爵、贷假、榷酤、算缗、盐铁等生财门路，始终不敢增加田赋，主持朝廷财政事务的大臣诸如东郭咸阳、孔仅、桑弘羊，难道是没想到增加田赋吗？

十一而税，这么高的税率，说是古法，其实不符合远古三代的德政。到了兴兵打仗的动乱年代，连十一税的天花板也得冲破，加给人民的赋税，已经不是按照田地的出产来征收，而是按照国家支出所需来征收。按战时开支所需来衡定天下税率，后继君王沿袭下来而不思更改。后世君王衰落之后，又按照其开支所需制定税率，后世君王的后继者又沿袭下来而不思更改。啊呀！眼见着天下赋税越来越重，后世人民的贫困已经超过从前的民众了。

## 赏析与写作指导

### 税赋与土地制度

历史上的主要税源，来自耕地的产出。国家的财政收入和生死存亡，有赖于税赋。税赋能否有效按率征收上来，则既要看年成如何，更要看土地制度是否合理。在古代社会，税赋问题就可以归结为土地问题。所以，这篇税赋专论，选择从“昔者禹则壤定赋，《周官》体国经野”，即土地制度入手。

作者追溯夏商周以来的税法税率，比较了十而税一、十五而税一、三十而税一等不同税率的历史条件，及其实际效果。由于各朝各代土地制度不同，井田制时期九而税一可能算轻的，后世的三十税一倒未必为轻。为什么呢？因为后世土地不再是国家分配的。作者认为“上既不能养民，使民自养，又从而赋之，虽三十而税，较之于古亦未尝为轻也”。

随着土地私有制的发展，权贵大量兼并土地，无地农民只能给地主当佃户。地主给国家只按三十而一交税，可是耕种者交给地主的地租却是收入的五成。有时地租设有下限，荒年收成低，可能得按丰年的一半交地租。耕种者将因此无法维持温饱。广大劳动者得不到温饱，就会铤而走险，社会就将动荡。社会动荡如果不能及时控制，政权就会崩溃，战乱就会夺走半数人口的生命。

所以，没有合理的土地制度，再轻的税赋，也不能保证劳动者的生存和幸福，从而也无法保证国家安全和天下太平。

有史以来，历代圣君贤臣，最为关注的根本问题，就是土地问题。然而最难于解决的，也恰是土地问题。每当有帝王或大臣提出限制土地兼并政策时，几乎所有权贵都会跳起来反对，疯狂地维护自己兼并土地的权力和利益。最后，当土地兼并达到某个临界点，必定出现天下大乱。那些权贵不但保不住自己巧取豪夺的土地，就连性命和家族绵延也保不住。中国历史上的所谓“循环”，乃是“循土地而环之”。

作者指出：“吾见天下之赋日增，而后之为民者日困于前。”这既是表达对劳动人民的同情，也是在给统治者敲响警钟。

延伸知识

## 张居正身后的辱与荣

秦汉以来，才华杰出、功勋卓著的宰辅有很多很多，其中对历史进程具有革命性影响的，也就李斯、王安石、张居正（1525—1582）几位。有人说，张居正是明代唯一的大政治家。有人说，他是王安石以后一千年中最大的政治家。甚至有人说，两千年来不顾安危一心为国而且有力挽狂澜之功的宰辅，仅有张居正一人。他究竟如何"大"法，读者可从《明史》、朱东润《张居正传》、黄仁宇《万历十五年》及网络文字中多作了解，本文只介绍他辞世之后的辱与荣。

张居正，湖广江陵（今湖北江陵）人。23 岁中进士。明神宗万历皇帝（1563—1620）登基时，是一个 9 岁的孩子，张居正作为他的老师和宰相，可谓朝纲独断，几乎具有摄政王的地位。他执政 10 年，主持万历新政，厉行变法，改革税制，富充国库，治理黄河淮河，消灭倭寇，与蒙古议和通商，对东北女真族严加防范，培养了戚继光、李成梁等杰出的将领，整顿吏治，令行禁止。堪称尽忠竭才，国势由此日强。惜乎天不假年，仅 57 岁就驾鹤西去。若是多干十几年，积弊难返的大明王朝，或许真有勃然中兴的可能 .

也许因为张居正执政太刚，执教太严，给万历留下了深重的心理创伤。张居正辞世后，万历在各路官僚的怂恿要求下，将功高盖世的张居正判为奸臣，改变其政策，褫夺其封号，剪除其党羽，最后发展到籍没家产、流放亲属的程度。几十年间，大明王朝再也没有人敢提张居正。直到40年后，才由明熹宗为他恢复名誉。

可是，一位政治家的历史贡献终将得到历史的公正评价。限于篇幅，本文无法多发议论，姑且引述一些后人评价，借此说明一下张居正的历史地位。

明亡前夕，崇祯皇帝哀叹当朝没有力挽狂澜的辅臣，于是常思张居正的雄才大略，感慨说："得庸相百，不若得救时之相一也。"

明末作家袁中道说："张居正少时，留心禅学，见《华严经》不惜头目脑髓，以为世界众生，乃是大菩萨行。故其立朝，于称讥毁誉俱所不计，一切福国利民之事，挺然为之。"

清初学者唐甄说："张居正为政十年，海内安宁，国富兵强。主虽至愚，未有以乱政为良相，以安社稷为奸相者也。"

清顺治皇帝说："彼时主少国疑，使君不朝纲独握，则道旁筑室，谁秉其成？亦未可以揽权罪居正。"

当代学者黎东方说："以施政的成绩而论，他不仅是明朝的唯一大政治家，也是汉朝以来所少有的。诸葛亮和王安石二人，勉强可以与他相比。诸葛亮的处境比他苦，不曾有机会施展其经纶于全中国。王安石富于理想，而拙于实行，有本事获得宋神宗的信任，而没有才干综核僚佐与地方官的名实。"

当代学者熊十力说："汉以后二千余年人物，真有公诚之心，刚大之气，而其前识远见，灼然于国覆种奴之祸，已深伏于举世昏偷、苟安无事之日，毅然以一身担当天下安危，任劳任怨，不疑不布，卒能扶危定倾，克成本原者，余考之前史，江陵一人而已。”

副课文

## 胡居仁从祀孔庙

胡居仁，字叔心，余干人。闻吴与弼讲学崇仁，往从之游，绝意仕进。其学以主忠信为先，以求放心为要，操而勿失，莫大乎敬，因以敬名其斋。端庄凝重，对妻子如严宾。

手置一册，详书得失，用自程考。鹑衣箪食，晏如也。筑室山中，四方来学者甚众，皆告之曰：“学以为己，勿求人知。”语治世，则曰：“惟王道能使万物各得其所。”所著有《居业录》，盖取修辞立诚之义。

每言：“与吾道相似莫如禅学。后之学者，误认存心多流于禅，或欲屏绝思虑以求静。不知圣贤惟戒慎恐惧，自无邪思，不求静未尝不静也。故卑者溺于功利，高者骛于空虚，其患有二：一在所见不真，一在功夫间断。”尝作《进学箴》曰：“诚敬既立，本心自存。力行既久，全体皆仁。举而措之，家齐国治，圣人能事毕矣。”

居仁性行淳笃，居丧骨立，非杖不能起，三年不入寝门。与人语，终日不及利禄。与罗伦、张元祯友善，数会于弋阳龟峰。尝言，陈献章学近禅悟，庄昶（chǎng）诗止豪旷，此风既成，为害不细。又病儒者撰述繁芜，谓朱子注《参同契》《阴符经》，皆不作可也。

督学李龄、钟成相继聘主白鹿书院。过饶城，淮王请讲《易传》，待以宾师之礼。是时吴与弼以学名于世，受知朝廷，然学者或有间言。居仁暗修自守，布衣终其身，人以为薛瑄之后，粹然一出于正，居仁一人而已。卒年五十一。万历十三年从祀孔庙，复追谥文敬。其弟子余祐最著。

——《明史·列传第一七〇·儒林一》

## 思考与训练

1.“汉之武帝，度支不足，至于卖爵、贷假、榷酤、算缗、盐铁之事无所不举，乃终不敢有加于田赋者，彼东郭咸阳、孔仅、桑弘羊，计虑犹未熟与？”作者对汉武帝、东郭咸阳、孔仅、桑弘羊持肯定态度还是批评态度？为什么？

______________________________

______________________________

______________________________

2.细读副课文，把下面文句翻译为白话文：

督学李龄、钟成相继聘主白鹿书院。过饶城，淮王请讲《易传》，待以宾师之礼。

______________________________

______________________________

______________________________

# 第二十课 五味调五脏

〔元〕忽思慧

题解

本文作为一部食疗学专著的引言，着重讨论食疗的理论基础。“人以禀天地气生”是其哲学基础，“上古圣人治未病不治已病”是其文化基础，“以五味调和五脏”是其医学基础，“饮食百味，审其有补益助养之宜，新陈之异，温凉寒热之性”是其食疗学基础。

## 人物故事

忽思慧：一译和斯辉。元代蒙古族人，生卒年不详。兼通蒙医和中医，营养学家，食疗学家，在我国食疗史上占有重要地位。于元仁宗延祐年间（1314—1320）担任饮膳太医一职。他精心研究《黄帝内经》《金匮要略》《千金要方》《太平圣惠方》《食医心镜》等历史典籍，于文宗天历三年（1330）编撰成《饮膳正要》一书。该书是中国历史上第一部系统的营养学专著。

## 主课文

天之所生，地之所养，天地合气，人以禀天地气生，并而为三才。三才者，天地人。人而有生，所重乎者心也。心为一身之主宰，万事之根本，故身安则心能应万变，主宰万事。

非保养，何以能安其身。保养之法，莫若守中[1]，守中则无过与不及之病。调顺四时，节慎饮食，起居不妄，使以五味[2]调和五脏[3]。五脏和平则血气资荣，精神健爽，心志安定，诸邪自不能入，寒暑不能袭，人乃怡安。

夫上古圣人治未病不治已病，故重食轻货，盖有所取也。故云：食不厌精，脍不厌细。鱼馁[4]肉败者，色恶者，臭恶者，失饪[5]不时者，皆不可食。

然虽食饮，非圣人口腹之欲哉！盖以养气养体，不以有伤也。若食气相恶则伤精，若食味不调则损形。形受五味以成体，是以圣人先用食禁以存性，后制药以防命。盖以药性有大毒，有大毒者治病，十去其六[6]；常毒治病，十去其七；小毒治病，十去其八；无毒治病，十去其九。然后谷肉果菜，十养一尽之，无使过之，是以伤其正。

虽饮食百味，要其精粹，审其有补益助养之宜，新陈之异，温凉寒热[7]之性，五味偏走之病。若滋味偏嗜，新陈不择，制造失度，俱皆致疾。可者行之，不可者忌之。如妊妇不慎行，乳母不忌口，则子受患。若贪爽口而忘避忌，则疾病潜生，而中不悟。百年之身，而忘于一时之味，其可惜哉！孙思邈曰："谓其医者，先晓病源，知其所犯，先以食疗[8]，不瘥[9]，然后命药，十去其九。故善养生者，谨先行之。摄生之法，岂不为有裕矣。”

（选自《饮膳正要·序文》）

**注释**

［1］守中：不偏不倚，无过无不及。

［2］五味：酸、苦、甘、辛、咸，为中医五行学说的组成部分。在中医学的诊断治疗、遣方用药等方面运用广泛。药物以味不同，作用便不相同。辛味能散能行，酸味能收能涩，甘味能补能缓，苦味能泻能燥，咸味能软坚润下。中医很早就认识到食物不仅能营养，而且还能疗疾祛病。食物是人类治病最好的药品，“药食同源”是中华原创医学中对人类最有价值的贡献之一。五谷杂粮，有益于人类而无害于身体，因而性“中”。

［3］五脏：五脏六腑是中医对人体内脏器官的统称。五脏，心、肝、脾、肺、肾；六腑，胃、大肠、小肠、三焦、膀胱、胆。

［4］馁（něi）：鱼腐烂。

［5］饪（rèn）：做饭做菜。

［6］十去其六：用毒性强的药物治病，治疗十分之六就停住。

［7］温凉寒热：中医四个重要概念，用于对不同体质气血状态的描述与判断。

［8］食疗：用食物代替药物而使疾病得到治疗，使人体恢

复健康。

[9] 瘥（chài）：病愈。

## 参考译文

天的气机主生发，地的气机主养育，天地的气机相合，人秉承天地合气而生，与天地并列称为三才。三才，就是天地人。人有生命意志，关键在于有心神。心为一身的主宰，万事的根本，所以身体安康，心神就能应对万物，主宰一切生命活动。

若无日常保养，怎么能保证身体安康？保养之法，莫过于守中不偏，守中不偏就没有太过或不及的弊病。调理身心顺应四时变化，饮食慎重节制，起居不混乱颠倒，以酸、苦、甘、辛、咸各味食品调和五脏六腑。五脏六腑功能正常，就会血气旺盛，精神健爽，心志安定，各种病魔邪气就不能进入人体，寒暑起伏也不能侵扰脏腑，人就会愉快安康。

上古圣人特别注重在未病之前予以预防，而不是等到已经生病了才来下药。他们重视饮食而轻视财物，就因为懂得取舍。所以上古圣人说："粮食越精越好，肉切得越细越好。腐烂的鱼肉，颜色不正、又散发怪味、存放太久的食物，都不可食用。"

人类虽然必须天天吃饭，但对圣人来说，吃饭并非只是满足口腹之欲，而是为了调养气血，滋补身体，以免伤害健康。如果食物寒热温凉气性与身体犯冲，就会损伤精气，如果食物的酸、苦、甘、辛、咸味性与身体不协调，就会损伤机体。人的身体是由五味食物所形成，所以圣人总是先以食物的选择、禁忌来调养心性，万不得已才以特定的药物来防止生命遭遇危险。药物本有大毒、常毒、小毒、无毒之分。大毒药物治病，治到六成就该停药，常毒药物治病，治到七成就该停药，小毒药物治病，治到八成就该停药，无毒药物治病，治到九成就该停药，然后用谷肉果菜调养。千万不可过度用药，以免损害人体正气。

饮食味性多种多样，关键要选择其精粹。要认真审察食物是否能补益助养，辨别新鲜与陈腐，属于温凉寒热中的哪一性，酸、苦、甘、辛、咸的味性搭配是否有问题。如果贪恋口福，新陈失察，搭配烹饪不当，都可能导致生病。适宜人体健康的就用，不适宜的就必须避忌。如果孕妇饮食不慎重，乳母饮食不讲究避忌，不但影响自己的身体，孩子也跟着遭殃。如果贪恋一时口福而不顾必要的避忌，疾病就会悄然降临，而你心里却浑然不知。百年之身而被一时的口腹之乐所败坏，那是多么痛惜啊。唐人孙思邈说："作为医生，先找到致病根源，知道问题出在哪里，先以饮食对症治疗，如不痊愈，再用药物治疗之。当病情好转十分之九，就停止用药。所以，善于养生的人，都是食疗当先。养生之法，转圜空间很大，因为手法很多。"

## 赏析与写作指导

### 食疗与治未病

“天之所生，地之所养，天地合气，人以禀天地气生。”“形受五味以成体。”中国哲学，把人看作宇宙大化和地球生态环境的一部分，每个生命个体都必须通过摄取外界能量，进行感应和互动而生息发展。天人感应学说，不仅适用于政治善恶、灾异吉凶，也适用于个体生命的调和五脏，升降温凉。

人靠进食“谷肉果菜”维持生命。以中国哲学为理论基础的中国医学，不把进食仅看作营养之事、口享之福，而是同时看作感应天地、调顺四时、协和阴阳、安顿心神的文化行为。

本文提出了“食疗”“食禁”“避忌”“治未病”等概念，对饮食行为的解读，完全超越了生理意义，上升到了文化意义。这是文明高度发达的民族才会产生的文化理念。

《黄帝内经·素问》第二篇《四气调神大论》云：“是故圣人不治已病治未病，不治已乱治未乱，此之谓也。夫病已成而后药之，乱已成而后治之，譬犹渴而穿井，斗而铸锥，不亦晚乎。”本文正是基于“治未病”的医学理念，建构了食疗学，提出了系统的食疗学说和方法。按照各人身体的特殊情况，有针对性地择食、避忌，是其基本方法。

“虽饮食百味，要其精粹，审其有补益助养之宜，新陈之异，温凉寒热之性，五味偏走之病。若滋味偏嗜，新陈不择，制造失度，俱皆致疾。可者行之，不可者忌之。”这种有针对性的择食，就是“治未病”。

“如妊妇不慎行，乳母不忌口，则子受患。若贪爽口而忘避忌，则疾病潜生，而中不悟。百年之身，而忘于一时之味，其可惜哉！”这种有针对性的避忌，就是通过预防而“治未病”。

文章引用前辈孙思邈的权威论断，强调先食疗、后药疗的理念。“谓其医者，先晓病源，知其所犯，先以食疗，不瘥，然后命药，十去其九。”吃药只可吃到九分，还剩下十分之一如何痊愈呢？还是以食疗助之。所以，中国的食疗主导着防病治病的全过程，药疗只是参与治病的部分环节。食疗越发达，药疗则越缩。

**延伸知识**

## 吃饭睡觉皆养生

本课强调饮食得有避忌。《饮膳正要》卷一第二章《养生避忌》，前面讲了一番养生大道理，跟本课所论一致，后面则列举了一些避忌。这些条文中，作者不空谈道理，只讲规矩，让百姓照着做，落实为日常行为即可。

关于饥饱的学问。

《养生避忌》说：“故善养性者，先饥而食，食勿令饱，先渴而饮，饮勿令过。”在感到饥饿之前就吃饭，但别吃饱。在感到口渴之前就喝水，但别喝太多。

“食欲数而少，不欲顿而多。”一天数餐，每餐少吃，不要一餐吃很多，也就是不要暴饮暴食。最好的效果是“饱中饥，饥中饱”。也就是饱中有三分饥，饥中一分饱，这种状态最为理想，最符合养生需求。

“若食饱，不得便卧，即生百病。”餐后应该稍稍活动，如“饭后百步走”之类。餐后卧床休息，不得消化，最碍健康。

“夜不可多食，卧不可有邪风。”晚上尤其不可多食。睡觉处不可有邪风，因为睡着了最缺乏抵抗力。

“食饱勿洗头，生风疾。”吃饱了不要洗头，容易得风疾病。这条生活小常识对谁都有用。

关于流汗的学问。

《养生避忌》强调说：“凡热食有汗，勿当风，发痉病，头痛，目涩，多睡。”“当风”就是正对着风，当风容易发痉病。何谓痉病？就是“身热足寒、颈项强急、背反张”等。

“汗出时，不可扇。”扇了就会“生偏枯”，也就是患偏瘫、半身不遂之类的病。

关于坐与立的学问。

“凡人坐，必要端坐，使正其心；凡人立，必要正立，使直其身。”继而告诫我们：“立不可久，立伤骨；坐不可久，坐伤血（血液循环受阻）。”所谓坐伤血，就是血液循环受阻。

“行不可久，行伤筋；卧不可久，卧伤气（气血运行受阻）。视不可久，视伤神。”卧伤气，就是气血运行受阻。

关于睡觉的学问。

睡前养护眼睛法：“凡夜卧，两手摩令热，揉眼，永无眼疾。”

睡前养护面部法：“凡夜卧，两手摩令热，摩面，不生疮皯（gǎn，皮肤黑）。一呵十搓，一搓十摩，久而行之，皱少颜多。”

睡前养护头部法：“凡夜卧，被发梳百通，平日头风（头痛）少。”

睡前养护四肢法：“凡夜卧，濯足而卧，四肢无冷疾。”

本节总结道：“乐不可极，欲不可纵。”最后以《礼记》言论作结，强调思欲、情绪、行为都当有节制。《礼记·曲礼上》开篇曰：“傲不可长，欲不可纵，志不可满，乐不可极。”这是古人的道德自律，也是人生经验的总结。

**副课文**

## 朱元璋确定汉蒙边界

洪武元年，太祖即帝位，以达为右丞相。册立皇太子，以达兼太子少傅。副将军遇春克东昌，会师济南，击斩乐安反者。还军济宁，引舟师溯河，趋汴梁，守将李克彝走，左君弼、竹贞等降。遂自虎牢关入洛阳，与元将脱因帖木儿大战洛水北，破走之。梁王阿鲁温以河南降，略定嵩、陕、陈、汝诸州，遂捣潼关。李思齐奔凤翔，张思道奔鄜城，遂入关，西至华州。

捷闻，太祖幸汴梁，召达诣行在所，置酒劳之，且谋北伐。达曰：“大军平齐鲁，扫河洛，王保保逡巡观望；潼关既克，思齐辈狼狈西奔。元声援已绝，今乘势直捣元都，可不战有也。”

帝曰：“善。”

达复进曰："元都克，而其主北走，将穷追之乎？"

帝曰："元运衰矣，行自澌（sī）灭，不烦穷兵。出塞之后，固守封疆，防其侵轶（qīn yì）可也。"

达顿首受命。遂与副将军会师河阴，遣裨（pí）将分道徇河北地，连下卫辉、彰德、广平。师次临清，使傅友德开陆道通步骑，顾时浚河通舟师，遂引而北。遇春已克德州，合兵取长芦，扼直沽，作浮桥以济师。水陆并进，大败元军于河西务，进克通州。

顺帝帅后妃太子北去。逾日，达陈兵齐化门，填濠登城。监国淮王帖木儿不花、左丞相庆童、平章迭儿必失、朴赛因不花、右丞张康伯、御史中丞满川等不降，斩之，其余不戮一人。封府库，籍图书宝物，令指挥张胜以兵千人守宫殿门，使宦者护视诸宫人、妃、主，禁士卒毋所侵暴。吏民安居，市不易肆。

捷闻，诏以元都为北平府，置六卫，留孙兴祖等守之，而命达与遇春进取山西。

——《明史·列传第十三·徐达传》

## 思考与训练

1. 现代科学研究表明，人体内的各种化学元素按比例排序，与地球表面土壤所含化学元素的排序一致，这个事实说明了人体与大自然的什么关系？与本文所说“天之所生，地之所养，天地合气，人以禀天地气生”“形受五味以成体”是否有内在的关联？

2. 副课文《朱元璋确定汉蒙边界》中，徐达进军元大都之前，向朱元璋请示进军的限度和对蒙古人打击的程度。朱元璋及时提出了对蒙古人只是打出中原、赶进大漠的战略安排。请将下面文句翻译为白话文。

> 达复进曰：“元都克，而其主北走，将穷追之乎？”帝曰：“元运衰矣，行自澌灭，不烦穷兵。出塞之后，固守封疆，防其侵轶可也。”

FONGHONG
凤凰联动出品